Italian—English

Bilingual Visual
Dictionary

Milet Publishing
Smallfields Cottage, Cox Green
Rudgwick, Horsham, West Sussex
RH12 3DE England
info@milet.com
www.milet.com
www.milet.co.uk

First English-Italian edition published by Milet Publishing in 2012

Copyright © Milet Publishing, 2012

ISBN 978 1 84059 690 8

Designed by Christangelos Seferiadis

Printed and bound in Turkey by Ertem Matbaası

Contents | Contenuto

■ **Animals**
Birds...4
Domestic Animals...7
Insects...10
Reptiles & Amphibians...12
Sea Creatures...14
Wild Animals...16

■ **The Human Body**...*21*

■ **House**
Structure of House...24
Living Room...25
Bedroom...26
Bathroom...27
Dining Room...28
Kitchen...29
Household Objects...32
Domestic Appliances...34

■ **Clothing & Personal objects**
Clothing...38
Personal Objects...42

■ **Tools**...*48*

■ **Technology**...*52*

■ **Food**...*54*
Fruit & Vegetables...55
Bakery...62
Nuts...64
Meat...65
Miscellaneous Food...66
Dairy Products...70
Beverages...71

■ **Transportation**
Vehicles...72
Other...80

■ **Nature**
Plants...82
Land Forms...89
Weather...94

■ **Earth and Space**
Earth...96
Space...98
Environment...100

■ **Sports**...*102*

■ **The Arts**...*108*

■ **Musical Instruments**...*110*

■ **Time**...*114*

■ **School**...*118*

■ **Numbers**...*124*

■ **Shapes & Colors**
Shapes...130
Colors...132

■ **Punctuation Marks**...*134*

■ **Symbols**...*135*

■ **Index**...*136*

Animali
Uccelli...4
Animali domestici...7
Insetti...10
Rettili e anfibi...12
Animali marini...14
Animali selvatici...16

Corpo Umano...*21*

Casa
Struttura della Casa...24
Soggiorno...25
Camera da Letto...26
Bagno...27
Sala da Pranzo...28
Cucina...29
Oggetti per la Casa...32
Elettrodomestici...34

Vestiti ed oggetti personali
Vestiti...38
Oggetti Personali...42

Utensili...*48*

Tecnologie...*52*

Cibo...*54*
Frutta e verdure...55
Panetteria...62
Noci...64
Carne...65
Miscellanea Cibo...66
Latticini...70
Bevande...71

Transporti
Veicoli...72
Gli altri...80

Natura
Piante...82
Forme della Terra...89
Tempo meteorologico...94

la Terra e lo Spazio
la Terra...96
Spazio...98
Ambiente...100

Sport...*102*

Arte...*108*

Strumenti Musicali...*110*

Tempo...*114*

Scuola...*118*

Numeri...*124*

Forme e Colori
Forme...130
Colori...132

Punteggiatura...*134*

Segni...*135*

Indice...*136*

robin
il pettirosso

crow
il corvo

beak
il becco

claw
l'artiglio

feather
la piuma

cage
la gabbia

eagle
l'aquila

egg
l'uovo

falcon
il falco

flamingo
il fenicottero

gull
il gabbiano

hawk
il falco

heron
l'airone

lovebird
l'inseparabile

nest
il nido

ostrich
lo struzzo

owl
il gufo

parrot
il pappagallo

peacock
il pavone

5

pelican
il pellicano

pigeon
il piccione

sparrow
il passero

stork
la cicogna

swallow
la rondine

swan
il cigno

vulture
l'avvoltoio

wing
l'ala

woodpecker
il picchio

barn
la stalla

bull
il toro

calf
il vitello

cow
la mucca

cat
il gatto

kitten
il gattino

dog
il cane

doghouse
la cuccia

puppy
il cucciolo

collar
il collare

goose
l'oca

chick
il pulcino

hen
la gallina

crest
la cresta

rooster
il gallo

duck
l'oca

turkey
il tacchino

lamb
l'agnello

goat
la capra

sheep
la pecora

camel
il cammello

pig
il maiale

donkey
l'asino

pet
l'animale da compagnia

horse
il cavallo

hoof
....
lo zoccolo

ant
la formica

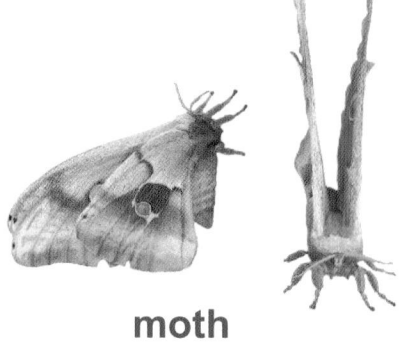

moth
la falena

beetle
lo scarabeo

cocoon
il bozzolo

butterfly
la farfalla

caterpillar
il bruco

cricket
il grillo

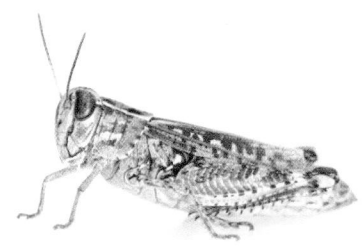

grasshopper
la cavalletta

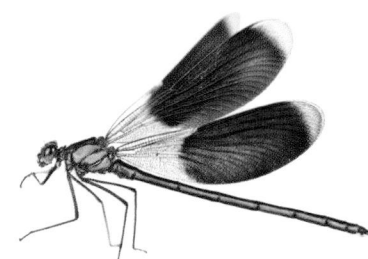

dragonfly
la libellula

bee
l'ape

beehive
l'alveare

wasp
la vespa

ladybird
la coccinella

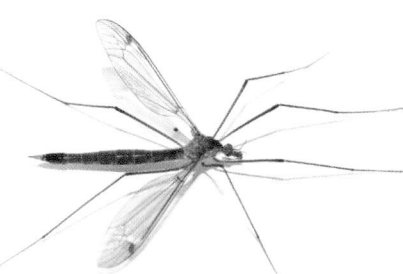

mosquito
la zanzara

fly
la mosca

scorpion
lo scorpione

spider
il ragno

cobweb
la ragnatela

snail
la lumaca

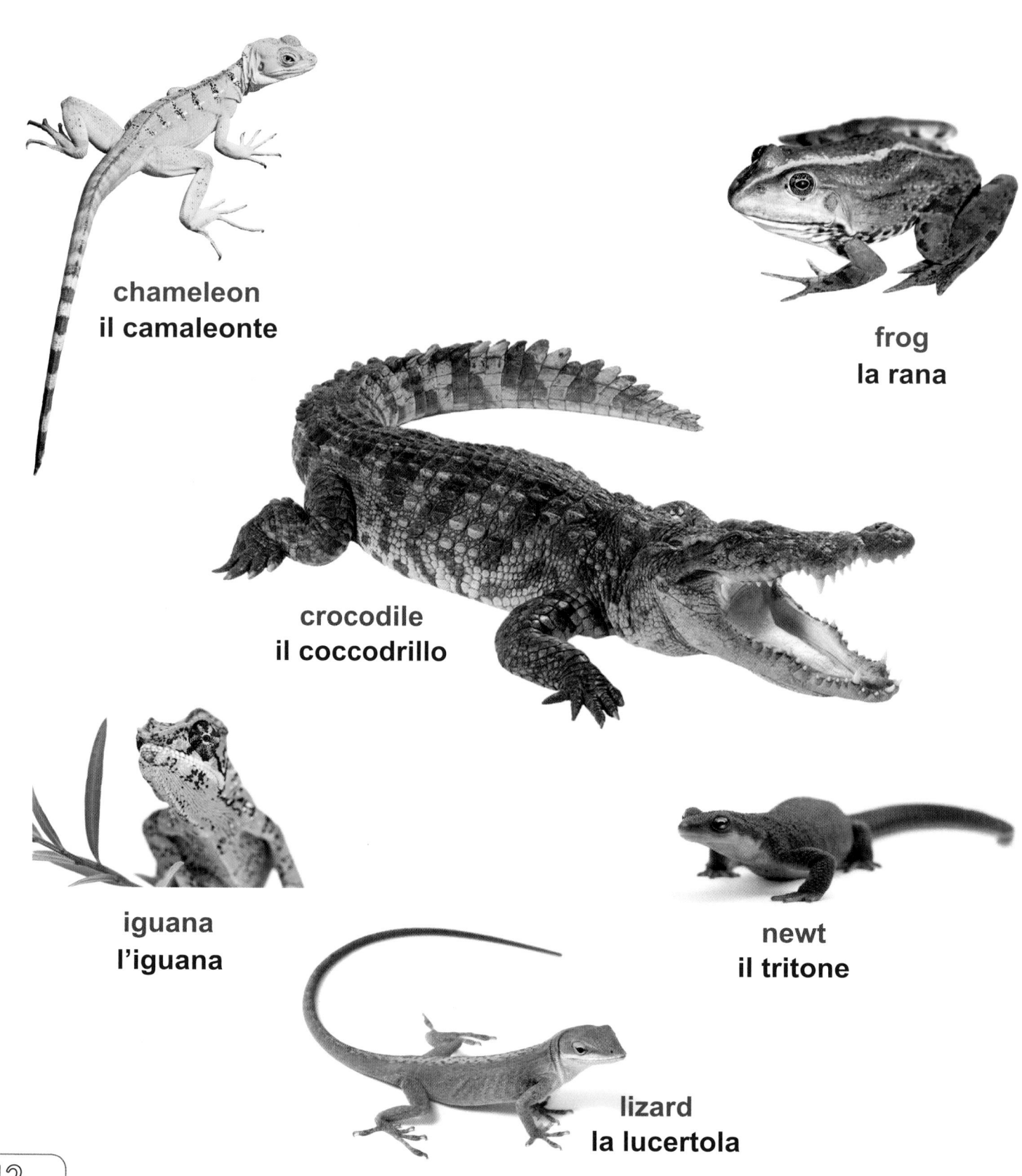

chameleon
il camaleonte

frog
la rana

crocodile
il coccodrillo

iguana
l'iguana

newt
il tritone

lizard
la lucertola

earthworm
il lombrico

salamander
la salamandra

snake
il serpente

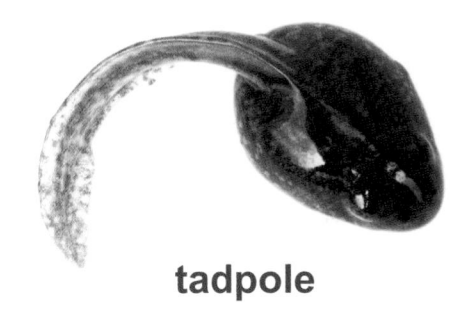

tadpole
il girino

toad
il rospo

tortoise
la tartaruga

13

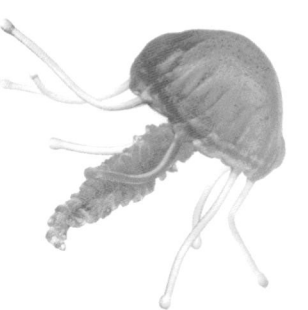

jellyfish
la medusa

crab
il granchio

crayfish
il gambero d'acqua dolce

dolphin
il delfino

lobster
l'aragosta

whale
la balena

octopus
il polipo

fish
il pesce

penguin
il pinguino

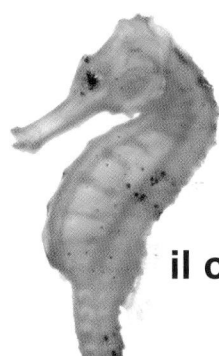

seahorse
il cavalluccio marino

seal
la foca

shark
lo squalo

walrus
il tricheco

starfish
la stella marina

turtle
la tartaruga di mare

seaweed
l'alga marina

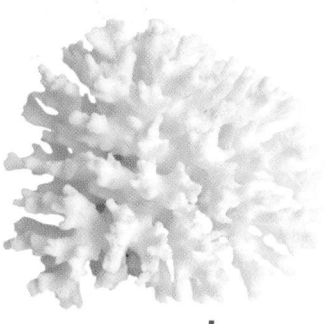

coral
il corallo

15

bat
il pipistrello

bear
l'orso

koala
il koala

polar bear
l'orso polare

elephant
l'elefante

tusk
la zanna

raccoon
il procione

chimpanzee
lo scimpanzé

gorilla
il gorilla

giraffe
la giraffa

skunk
la moffetta

fox
la volpe

wolf
il lupo

monkey
la scimmia

cub
il cucciolo

mane
la criniera

leopard
il leopardo

lion
il leone

tiger
la tigre

llama
il lama

kangaroo
il canguro

horn
il corno

deer
il cervo

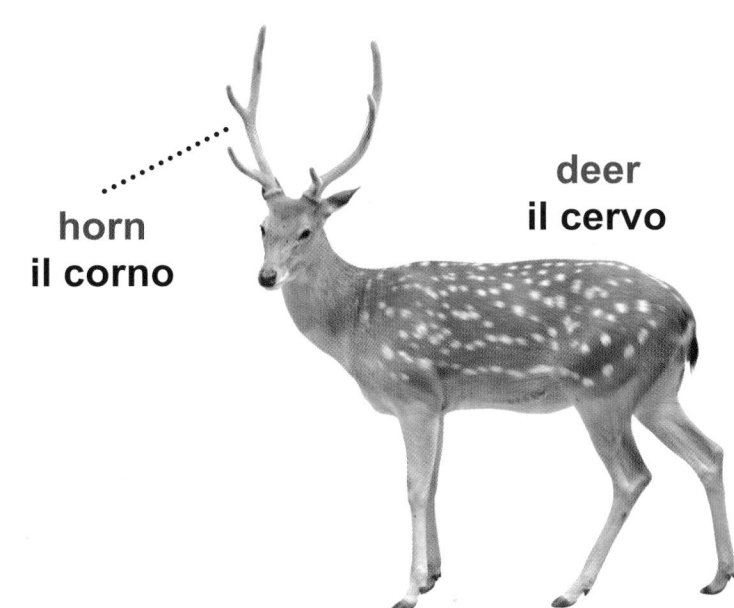

zebra
la zebra

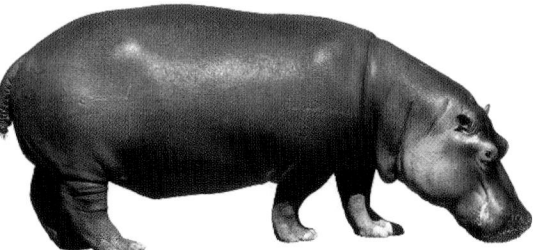

hippopotamus
l'ippopotamo

fawn
il cerbiatto

panda
il panda

rhinoceros
il rinoceronte

mole
la talpa

hedgehog
il riccio

squirrel
lo scoiattolo

tail
la coda

mouse
il topo

rat
il ratto

rabbit
il coniglio

otter
la lontra

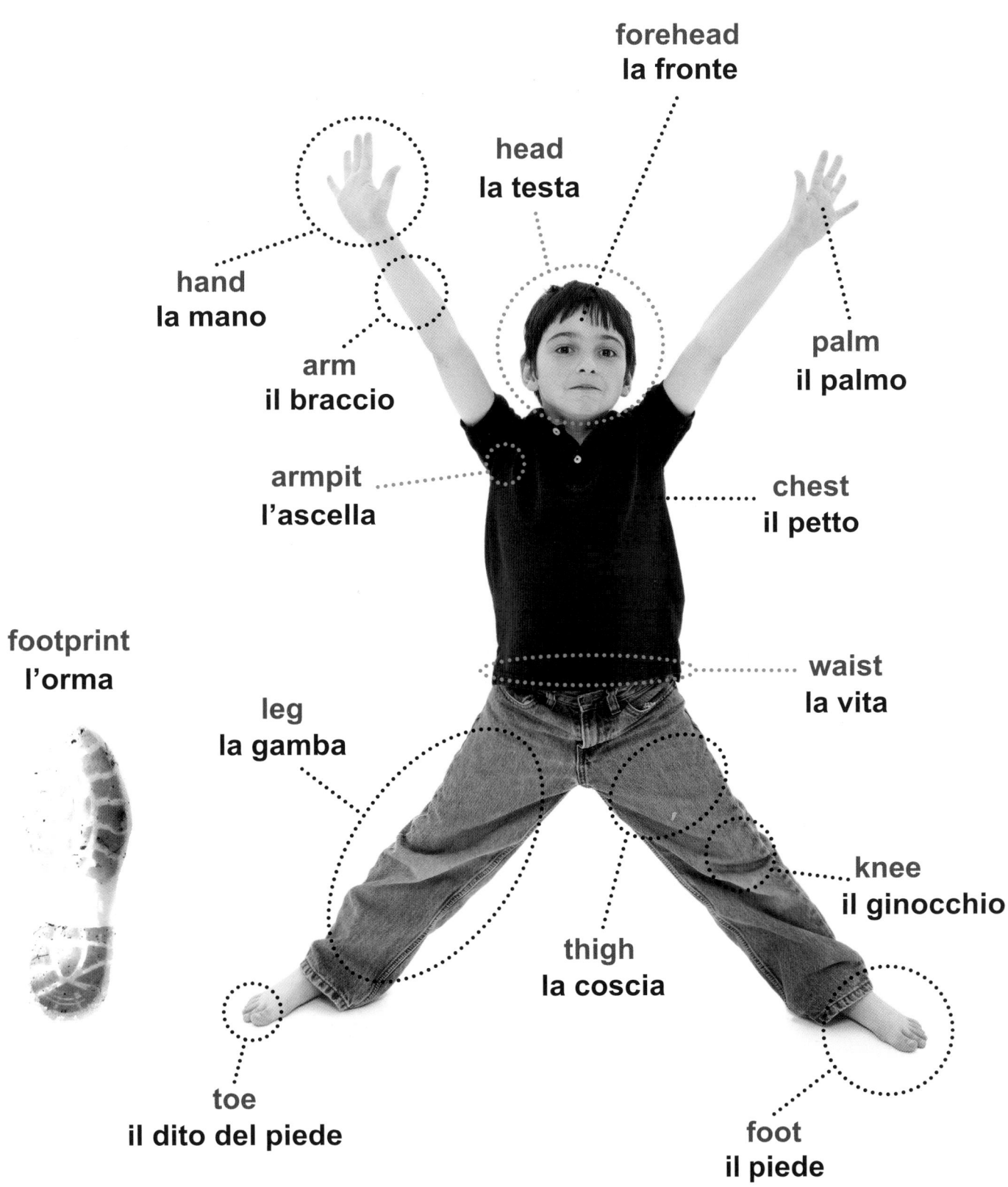

forehead
la fronte

head
la testa

hand
la mano

palm
il palmo

arm
il braccio

armpit
l'ascella

chest
il petto

footprint
l'orma

waist
la vita

leg
la gamba

knee
il ginocchio

thigh
la coscia

toe
il dito del piede

foot
il piede

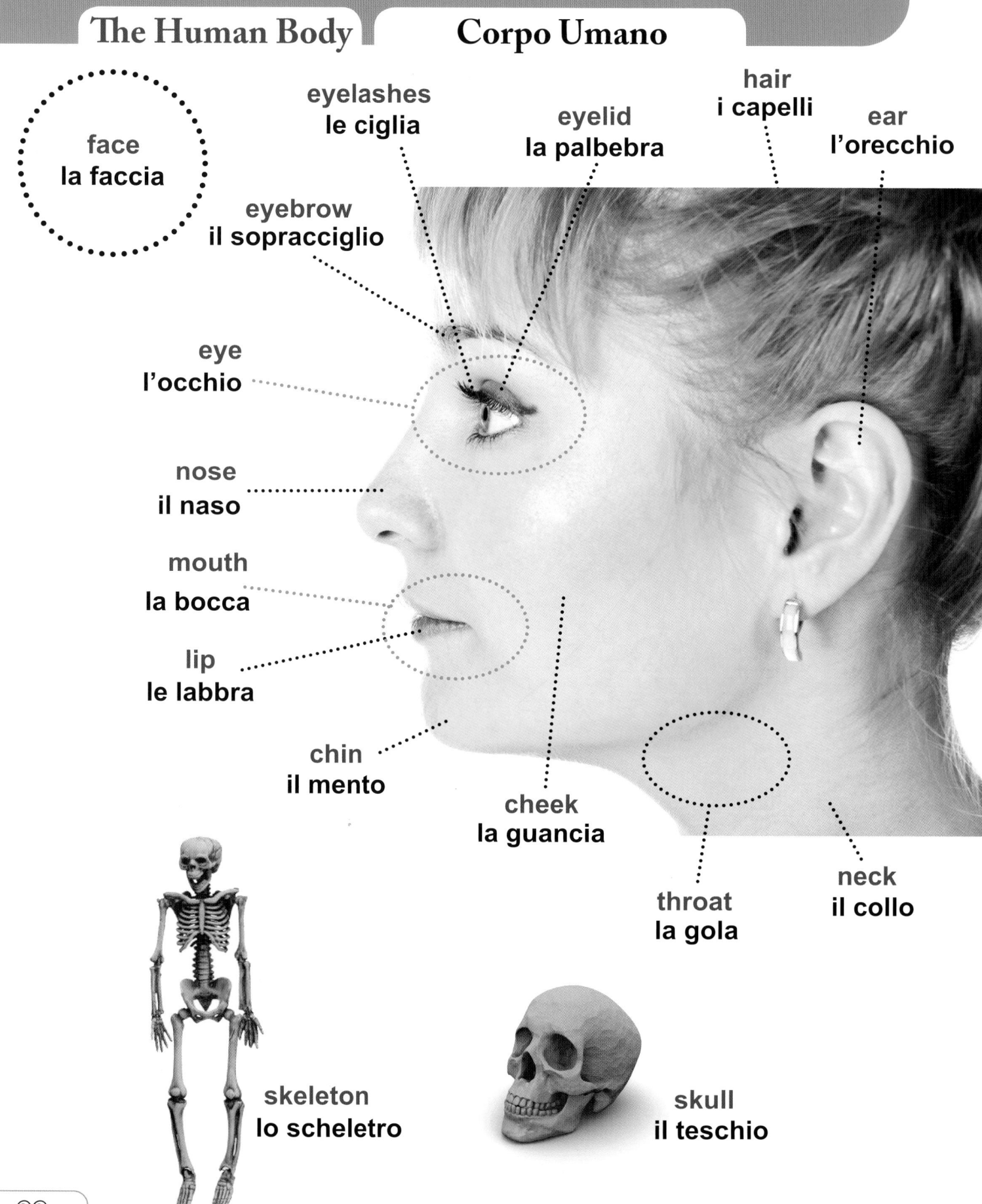

face
la faccia

eyelashes
le ciglia

eyelid
la palbebra

hair
i capelli

ear
l'orecchio

eyebrow
il sopracciglio

eye
l'occhio

nose
il naso

mouth
la bocca

lip
le labbra

chin
il mento

cheek
la guancia

throat
la gola

neck
il collo

skeleton
lo scheletro

skull
il teschio

shoulder
la spalla

elbow
il gomito

navel
l'ombelico

hip
il fianco

shin
lo stinco

calf
il polpaccio

ankle
la caviglia

heel
il tallone

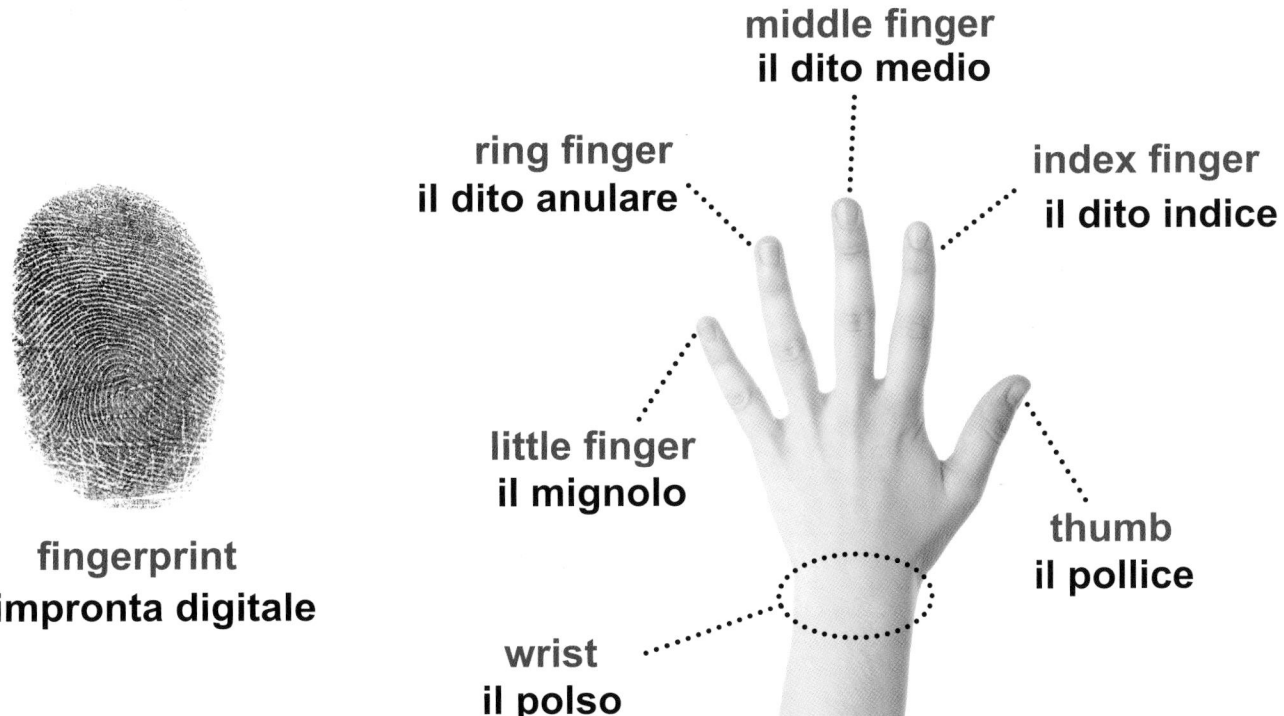

middle finger
il dito medio

ring finger
il dito anulare

index finger
il dito indice

little finger
il mignolo

thumb
il pollice

fingerprint
l'impronta digitale

wrist
il polso

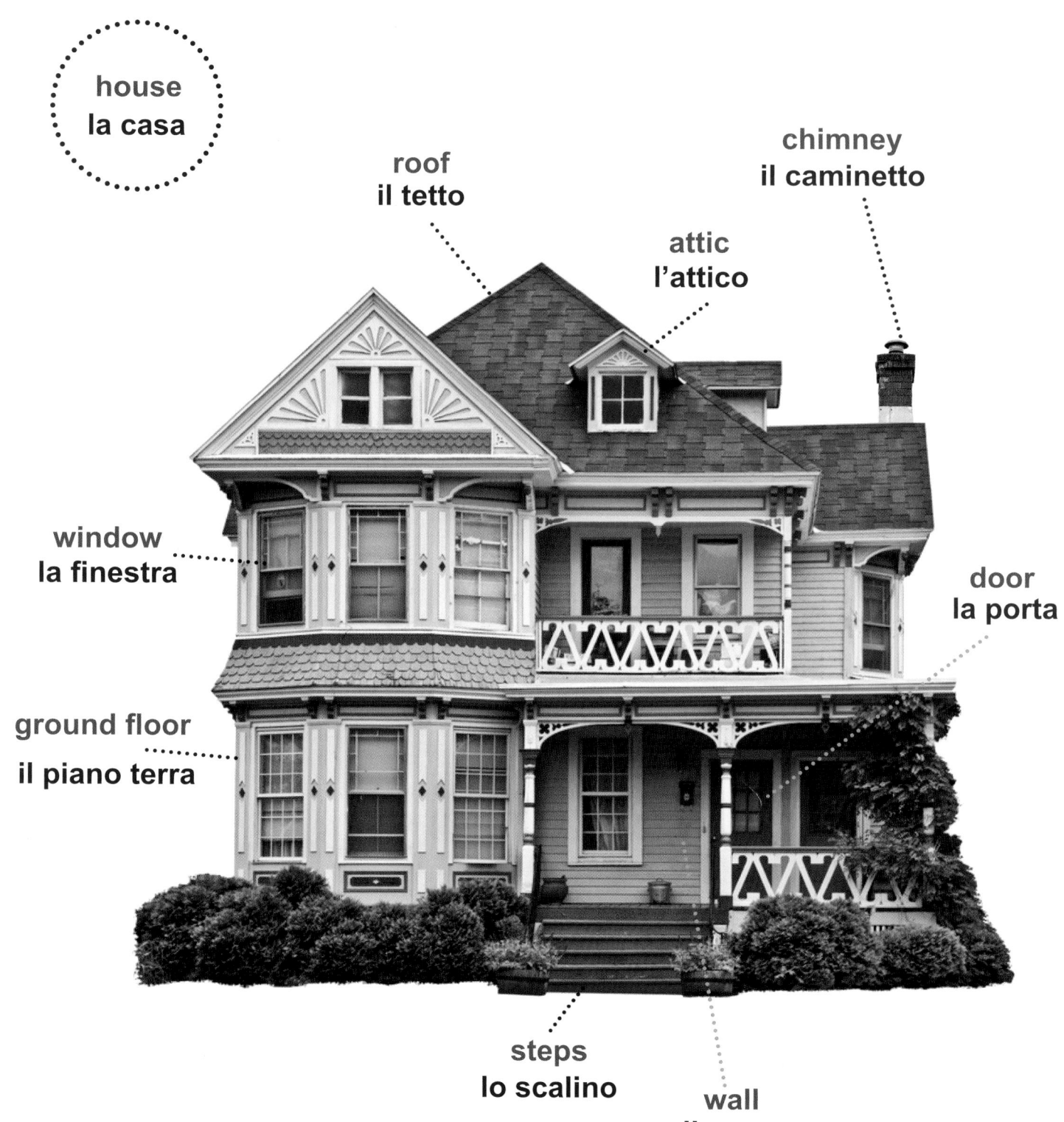

house
la casa

roof
il tetto

attic
l'attico

chimney
il caminetto

window
la finestra

door
la porta

ground floor
il piano terra

steps
lo scalino

wall
il muro

ceiling
il soffitto

curtain
la tenda

sofa
il sofà

fireplace
il caminetto

floor
il pavimento

cushion
il cuscino

rocking chair
la sedia a dondolo

armchair
la poltrona

folding chair
la sedia pieghevole

carpet
il tappeto

pillow
il cuscino

sheet
le lenzuola

blanket
la coperta

bed
il letto

wardrobe
il guardaroba

comforter
la trapunta

rug
il tappeto

towel
l'asciugamano

mirror
lo specchio

shower
la doccia

soap
il sapone

bathtub
la vasca da bagno

plumbing
le tubature

shelf
la mensola

sponge
la spunga

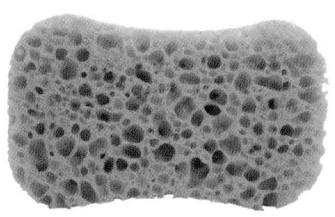

toilet paper
la carta igienica

toilet
la toilette

27

chair
la sedia

dining table
il tavolo da pranzo

cabinet
la vetrinetta

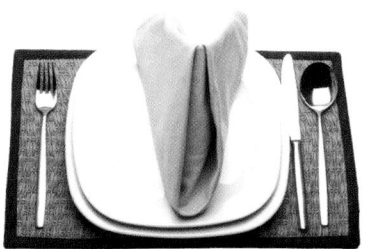

tableware
le stoviglie

stool
lo sgabello

refrigerator
il frigorifero

pot
la pentola

bowl
la scodella

pressure cooker
la pentola a pressione

frying pan
la padella

bottle
la bottiglia

jar
il barattolo

shaker
la saliera

glass
il bicchiere

knife
il coltello

jug
la caraffa

plate
il piatto

fork
la forchetta

spoon
il cucchiaio

scale
la bilancia

sink
il lavandino

faucet
il rubinetto

cutting board
il tagliere

juice extractor
la centrifuga per frutta

burner
il fornello

teapot
la teiera

teaspoon
il cucchiaino

basket
il cesto

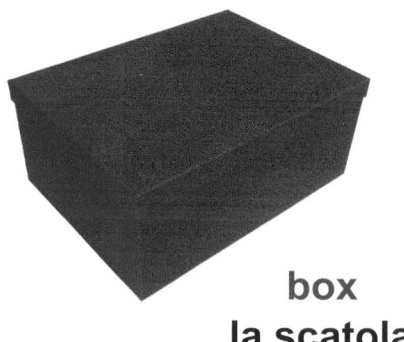

box
la scatola

broom
la scopa

bucket
il secchio

candle
la candela

clock
l'orologio

clothespin
le mollette

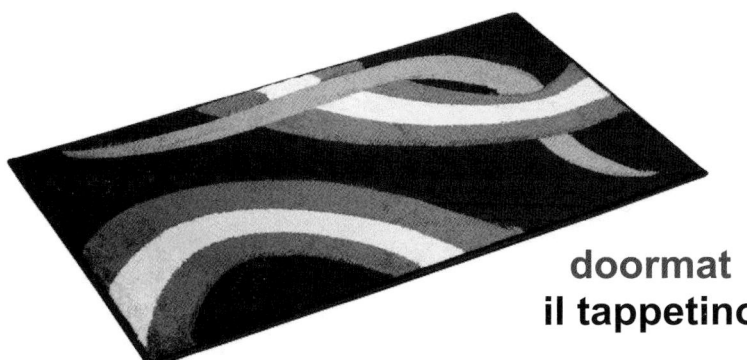

doormat
il tappetino

ironing board
l'asse da stiro

flowerpot
il vaso da fiori

jerrycan
la tanica

mop
il lavapavimenti

sack
il sacco

vase
il vaso

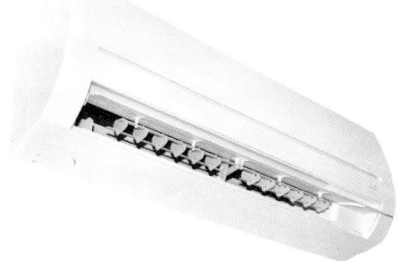

air conditioner
il condizionatore

radiator
il termosifone

ceiling fan
il ventilatore da soffitto

bedside lamp
la lampada da letto

desk lamp
la lampada da scrivania

chandelier
il lampadario a bracci

floor lamp
la lampada da terra

lamp
la lampada

toaster
il tostapane

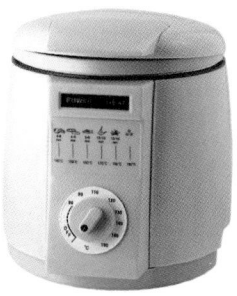

deep fryer
la friggitrice

electric cooker
il fornello elettrico

oven
il forno

microwave oven
il forno a microonde

sewing machine
la cucitrice

doorbell
il campanello

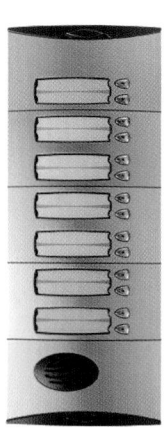

food processor
il robot da cucina

electrical outlet
la presa elettrica

blender
il frullatore

door handle
la maniglia

dishwasher
la lavastoviglie

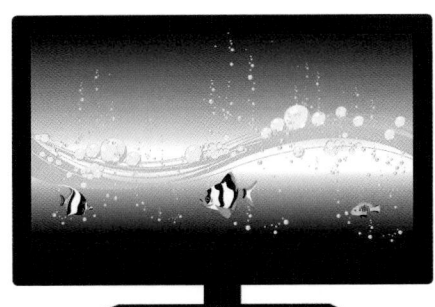

television
la televisione

iron
il ferro da stiro

washing machine
la lavatrice

vacuum cleaner
l'aspirapolvere

dress
il vestito

suit
il completo

tracksuit
la tuta sportiva

pocket
la tasca

jumpsuit
la tuta intera

bathrobe
l'accappatoio

swimming trunks
i calzoncini
da bagno

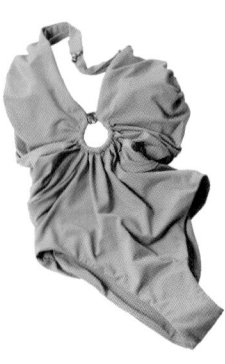

swimsuit
il costume
da bagno

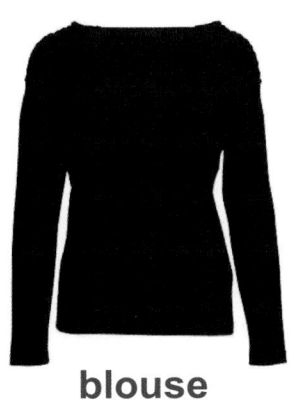

blouse
la camicetta

cardigan
il cardigan

sweater
il maglione

shirt
la camicia

t-shirt
la maglietta

jeans
i jeans

shorts
i calzoncini

skirt
la gonna

trousers
i pantaloni

beret
il basco

cap
il berretto

hat
il capello

bow tie
la cravatta a farfalla

belt
la cintura

tie
la cravatta

scarf
la sciarpa

foulard
il foulard

glove
il guanto

flip-flops
le ciabatte infradito

slippers
le pantofole

sandal
il sandalo

boots
gli stivali

heel
il tacco

sneakers
le scarpe da ginnastica

shoes
le scarpe

socks
i calzini

shoelaces
i lacci

diamond
il diamante

emerald
il smeraldo

ruby
il rubino

earrings
l'orecchino

ring
l'anello

necklace
la collana

bracelet
il braccialetto

jewellery
la gioielleria

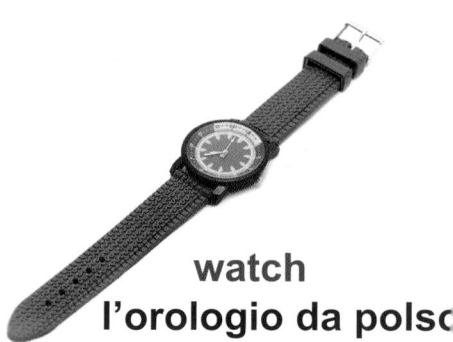

watch
l'orologio da polso

briefcase
la borsa portadocumenti

badge
la targhetta identificativa

backpack
lo zaino

passport
il passaporto

shoulder bag
la borsa a tracolla

walking stick
il bastone da passeggio

suitcase
la valigia

wallet
il portafoglio

purse
la borsetta

umbrella
l'ombrello

clothes brush
la spazzola per abiti

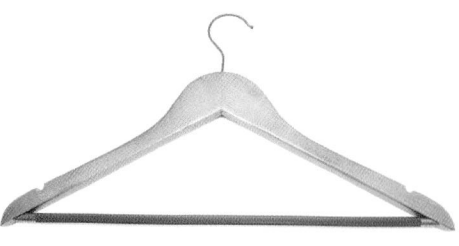

clothes hanger
la stampella

button
il bottone

cloth
lo straccio

ribbon
il nastro

reel
il rocchetto

thread
il filo

zipper
la cerniera lampo

comb
il pettine

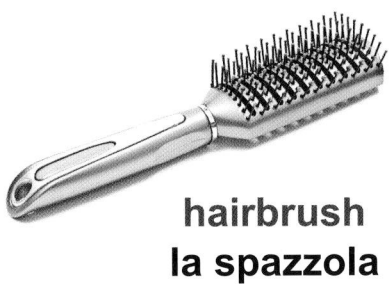

hairbrush
la spazzola

perfume
il profumo

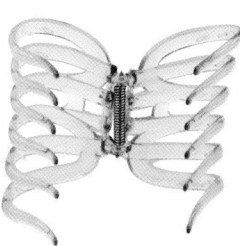

hairpin
la forcella per capelli

hair dryer
l'asciugacapelli

eye glasses
gli occhiali da vista

sunglasses
gli occhiali da sole

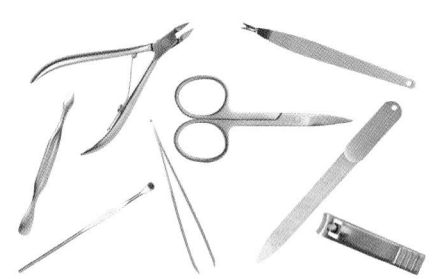

manicure set
la trousse per la manicure

nail file
la limetta per le unghie

tweezers
le pinzette

razor
il rasoio

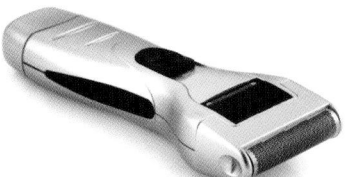

electric razor
il rasoio elettrico

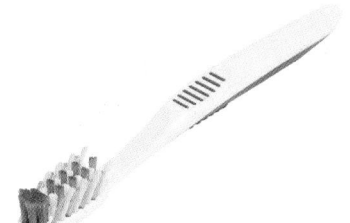

nail clippers
il tagliaunghie

toothbrush
lo spazzolino da denti

toothpaste
il dentifricio

shaving brush
il pennello da barba

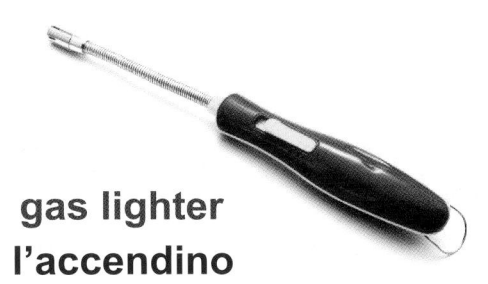

gas lighter
l'accendino

matchbox
la scatola di fiammiferi

key
la chiave

matchsticks
i fiammiferi

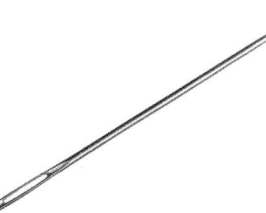

sewing needle
l'ago da cucito

pins
lo spillo

safety pin
la spilla da balia

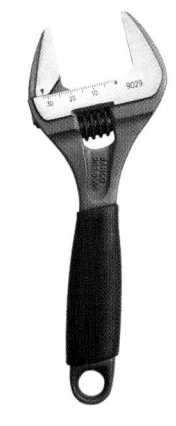

adjustable wrench
la chiave registrabile

combination wrenches
la chiave combinata

long-nose pliers
le pinze

mole wrench
le pinze regolabili

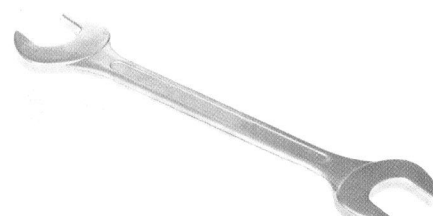

open ended wrench
la chiave fissa

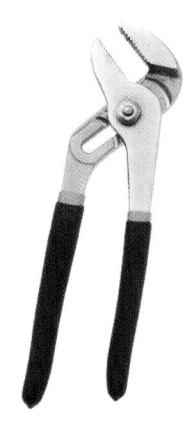

slip joint pliers
i tronchesi

nut
il dado

toolbox
la cassetta degli attrezzi

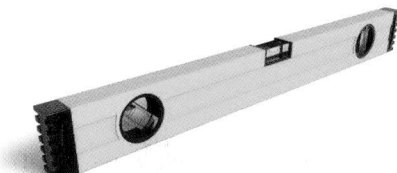

spirit level
la livella a bolla

battery
la pila

car battery
la batteria auto

drill bit
la punta per trapano

screw
la vite

electric drill
il trapano elettrico

screwdriver
il cacciavite

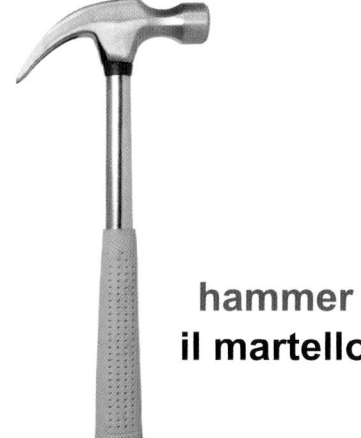

hammer
il martello

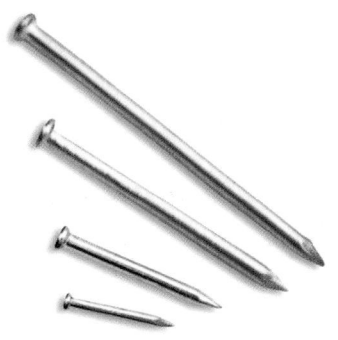

nail
il chiodo

mallet
il maglio

Tools   Utensili

chain
la catena

fire extinguisher
l'estintore

safety helmet
l'elmetto

padlock
il lucchetto

plug
la spina

ladder
la scala

torch
la torcia

tape measure
il metro a nastro

axe
l'ascia

chisel
lo scalpello

handsaw
la sega a mano

hose
il tubo di gomma

rope
la corda

rake
il rastrello

pickax
il piccone

shovel
la pala

wheelbarrow
la carriola

answering machine
la segreteria telefonica

telephone
il telefono

monitor
il monitor

chip
il chip

computer
il computer

keyboard
la tastiera

scanner
lo scanner

printer
la stampante

newspaper
il giornale

microphone
il microfono

cable
il cavo

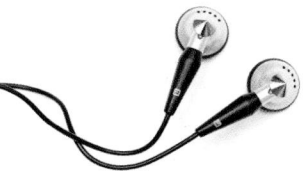

earphones
le cuffie

speaker
l'altoparlante

radio
la radio

video camera
la videocamera

supermarket
il supermercato

checkout
la cassa

market
il mercato

restaurant
il ristorante

appricot
l'albicocca

avocado
l'avocado

apple
la mela

blackberry
la mora

blueberry
il mirtillo

banana
la banana

raspberry
il lampone

strawberry
la fragola

cherry
la ciliegia

grape
l'uva

kiwi
il kiwi

peach
la pesca

grapefruit
il pompelmo

mandarin
il mandarino

orange
l'arancia

melon
il melone

watermelon
il cocomero

plum
la prugna

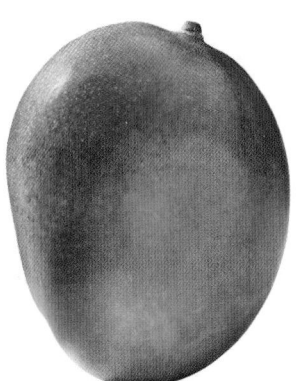

mango
il mango

pear
la pera

pomegranate
il melograno

quince
la mela cotogna

pineapple
l'ananas

coconut
la noce di cocco

corncob
il tutolo

corn
il mais

carrot
la carota

garlic
l'aglio

lemon
il limone

mushroom
il fungo

pepper
il peperone

chili pepper
il peperoncino

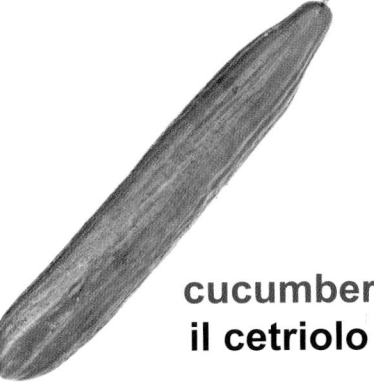

cucumber
il cetriolo

tomato
il pomodoro

onion
la cipolla

potato
la patata

pumpkin
la zucca

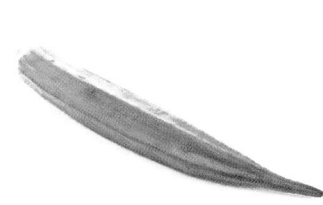

okra
l'ocra

green bean
i fagiolini

peas
i piselli

artichoke
il carciofo

asparagus
l'asparago

broccoli
i broccoli

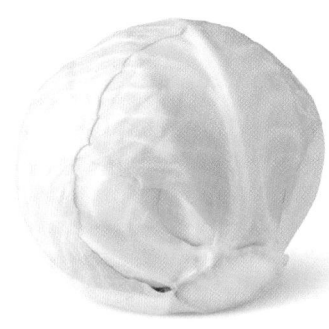

cauliflower
il cavolfiore

cabbage
il cavolo

aubergine
la melanzana

marrow
la zucchina

turnip
la rapa

celery
il sedano

lettuce
la lattuga

spinach
lo spinacio

leek
il porro

radish
il ravanello

spring onion
la cipollina

dill
l'aneto

mint
la menta

parsley
il prezzemolo

61

flour
la farina

bread
il pane

crackers
il cracker

slice of bread
la fetta di pane

chocolate chip cookie
biscotto con gocce di cioccolato

cookie
il biscotto

toast
il pane tostato

pie
la torta

pizza
la pizza

burger
l'hamburger

sandwich
il sandwich

cake
la torta

pancakes
la frittella

63

almond
la mandorla

hazelnut
la nocciola

chestnut
la castagna

pistachio
il pistacchio

peanut
l'arachide

walnut
la noce

chicken
il pollo

ground beef
la carne macinata

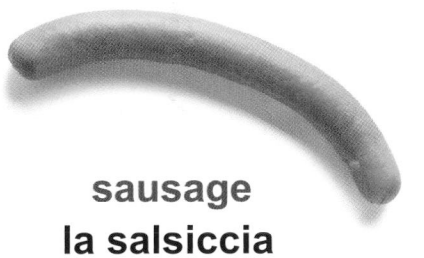

sausage
la salsiccia

steak
la bistecca

fish
il pesce

yolk
il tuorlo

pasta
la pasta

egg
l'uovo

rice
il riso

lentils
la lenticchia

beans
il fagiolo

oil
l'olio

olive oil
l'olio d'oliva

canned food
il cibo in scatola

honey
il miele

olive
l'oliva

salad
l'insalata

salt
il sale

black pepper
il pepe nero

French fries
le patatine fritte

snacks
gli stuzzichini

soup
la zuppa

candies
i dolciumi

breakfast
la colazione

sugar
lo zucchero

chocolate
il cioccolato

dessert
il dessert

ice cream
il gelato

popcorn
il popcorn

butter
il burro

cheese
il formaggio

cream
la panna

milk
il latte

yogurt
lo yoghurt

coffee
il caffè

fruit juice
il succo di frutta

lemonade
la limonata

orange juice
il succo d'arancia

water
l'acqua

ice cube
il cubetto di ghiaccio

tea
il tè

windscreen
il parabrezza

car
l'automobile

hood
il cofano

spoke
il raggio

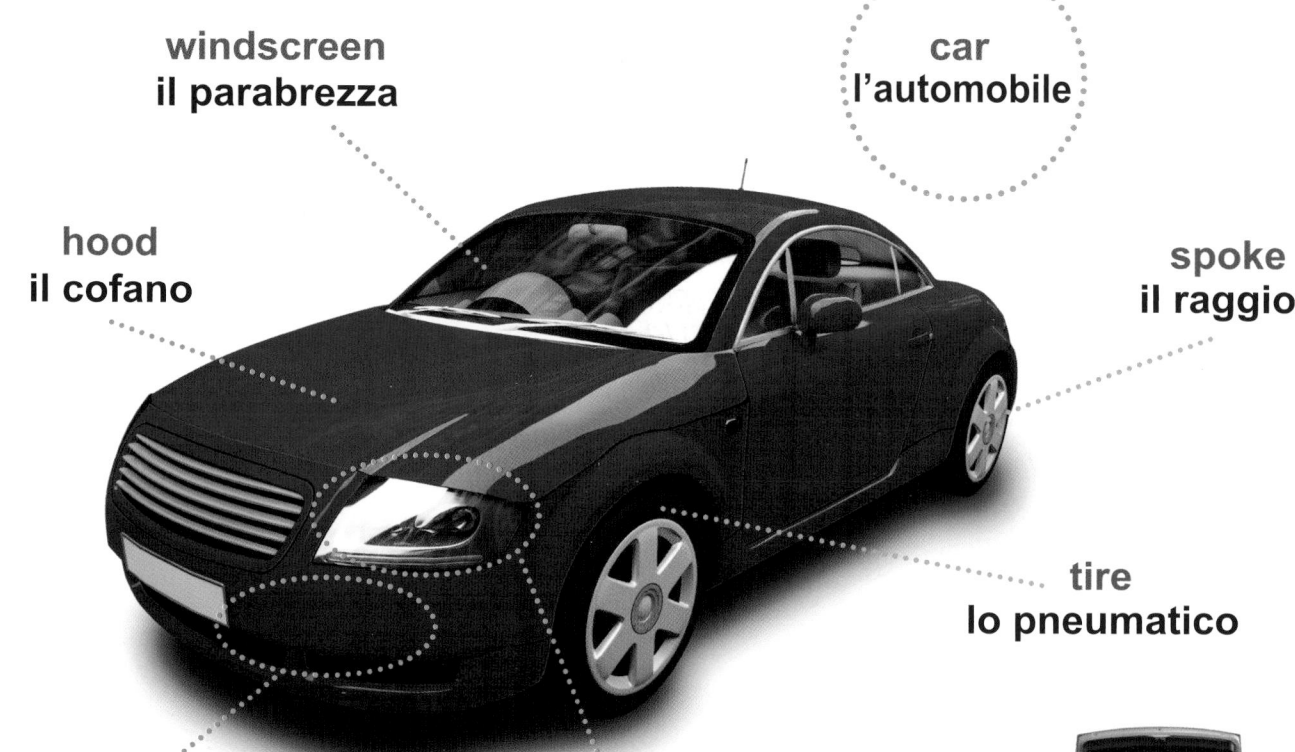

tire
lo pneumatico

fender
il paraurti

headlight
il faro anteriore

trunk
il portabagagli

steering wheel
il volante

gas cap
il tappo

engine
il motore

windscreen wipers
il tergicristallo

minivan
il mini furgone

van
Il furgone

camper van
il camper

pickup truck
il camioncino

dump truck
l'autoribaltabile

truck
il camion

transporter
l'autocarro

tow truck
il carro attrezzi

bulldozer
il bulldozer

digger truck
l'escavatrice

forklift
il carrello elevatore

tractor
il trattore

fire truck
il camion dei pompieri

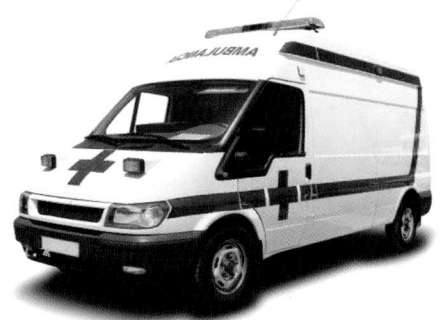

ambulance
l'ambulanza

police car
l'auto della polizia

race car
l'auto da corsa

bicycle
la bicicletta

saddle
la sella

wheel
la ruota

handlebars
il manubrio

brake
il freno

pedal
il pedale

scooter
la scooter

motorcycle
la motocicletta

traffic light
il semaforo

stroller
il passeggino

rollerblade
il pattino in linea

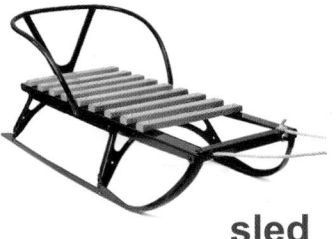

sled
la slitta

airplane
l'aeroplano

wing
l'ala

helicopter
l'elicottero

flight deck
la cabina di pilotaggio

wagon
il vagone

streetcar
il tram

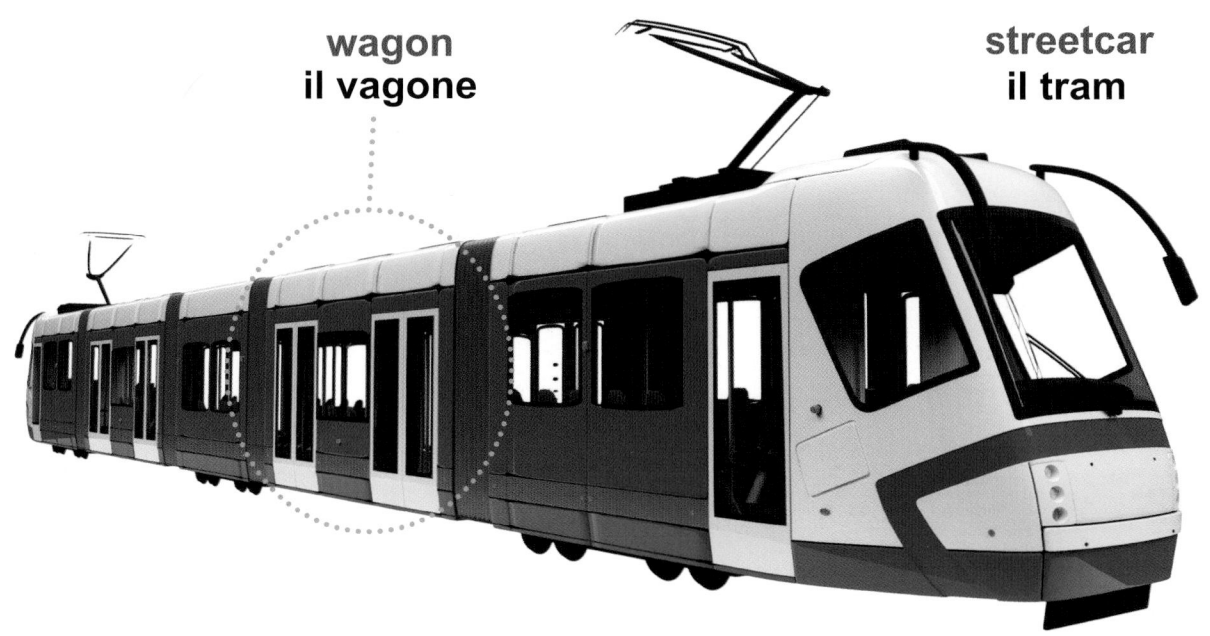

train
il treno

bus
l'autobus

underground
la metropolitana

container ship
la portacontainer

container
il container

cruise ship
la nave da crociera

yacht
lo yacht

deck
il ponte

ship
la nave

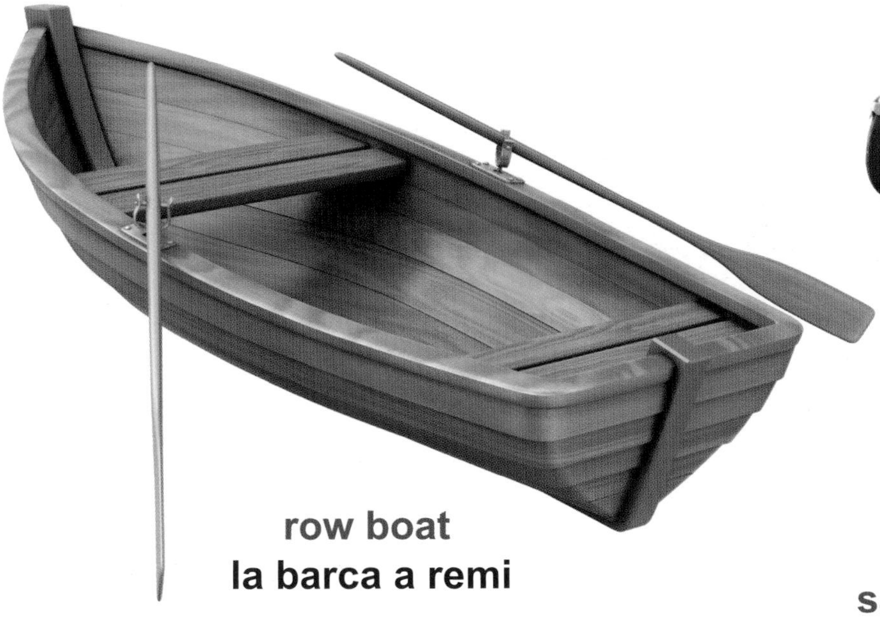

canoe
la canoa

row boat
la barca a remi

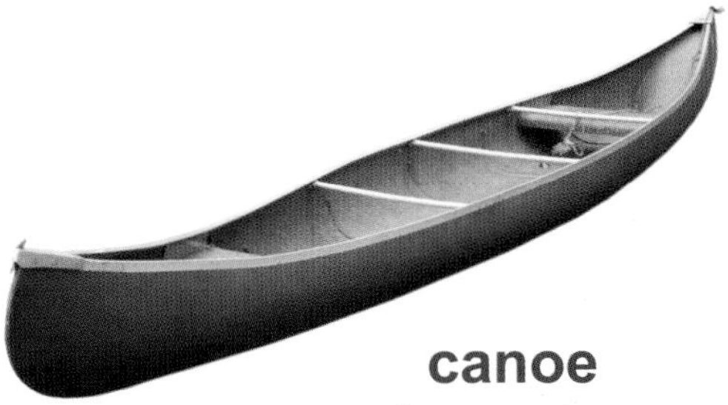

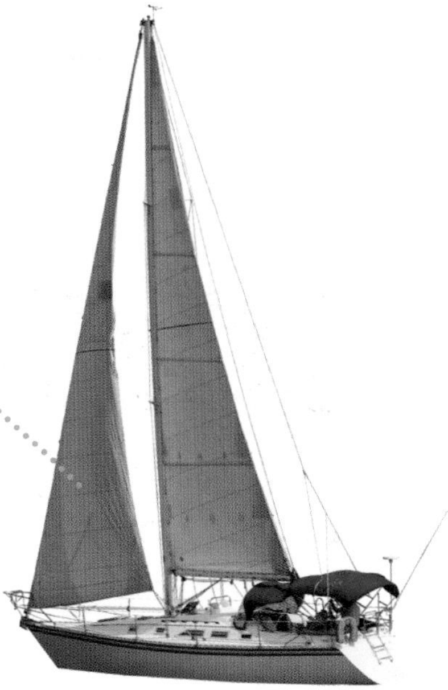

sail
la vela

jet ski
la moto d'acqua

sailboat
la barca a vela

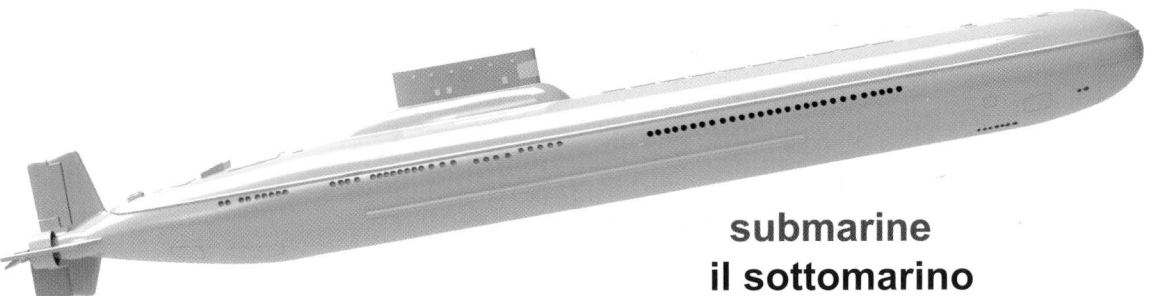

submarine
il sottomarino

airport
l'aeroporto

passenger terminal
il terminal passeggeri

bus stop
la fermata dell'autobus

crosswalk
le strisce pedonali

sidewalk
il marciapiede

street
la strada

road
la strada

highway
la superstrada

traffic
il traffico

garage
il garage

gas station
la stazione di servizio

gas pump
la pompa di benzina

bridge
il ponte

pier
il molo

port
il porto

railroad station
la stazione ferroviaria

railroad track
il binario

tunnel
il tunnel

begonia
la begonia

bud
la gemma

camellia
la camelia

cotton
il cotone

daisy
la margherita

carnation
il garofano

fuchsia
la fucsia

gardenia
la gardenia

geranium
il geranio

hyacinth
il giacinto

jonquil
la giunchiglia

iris
l'iris

jasmine
il gelsomino

lavender
la lavanda

lilac
il lillà

magnolia
la magnolia

moss
il muschio

narcissus
il narciso

nettle
l'ortica

poppy
il papavero

weed
l'erbaccia

snapdragon
la bocca di leone

orchid
l'orchidea

water lily
la ninfea

snowdrop
il bucaneve

rose
la rosa

tulip
il tulipano

sunflower
il girasole

palm tree
la palma

vineyard
il vigneto

rye
la segale

oats
l'avena

pine cone
la pigna

wheat
il grano

cactus
il cactus

grass
l'erba

root
la radice

bush
il cespuglio

stem
lo stelo

tree
l'albero

leaf
la foglia

petal
il petalo

garden
il giardino

wood
il bosco

field
il campo

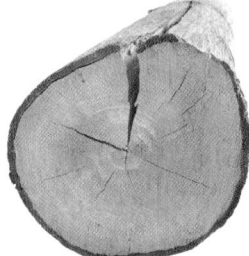

log
il ceppo

harvest
il raccolto

hay
il fieno

beach
la spiaggia

coast
la costa

island
l'isola

sand
la sabbia

ocean
l'oceano

marsh
la palude

lake
il lago

river
il fiume

pebbles
il ciottolo

stream
il corso d'acqua

waterfall
la cascata

desert
il deserto

layer
lo strato

stone
la pietra

clay
l'argilla

hill
la collina

mountain
la montagna

jungle
la giungla

forest
la foresta

soil
il suolo

cliff
la scogliera

path
il sentiero

valley
la valle

cave
la caverna

rocky landscape
il paesaggio roccioso

rock
la roccia

coal
il carbone

slope
il pendio

volcano
il vulcano

avalanche
la valanga

snow
la neve

frost
il gelo

icicle
il ghiacciolo

hail
la grandine

cloud
la nuvola

lightning
il lampo

tornado
il tornado

rain
la pioggia

flood
l'alluvione

fog
la nebbia

wind
il vento

North America
il Nord America

Europe
l'Europa

South America
il Sudamerica

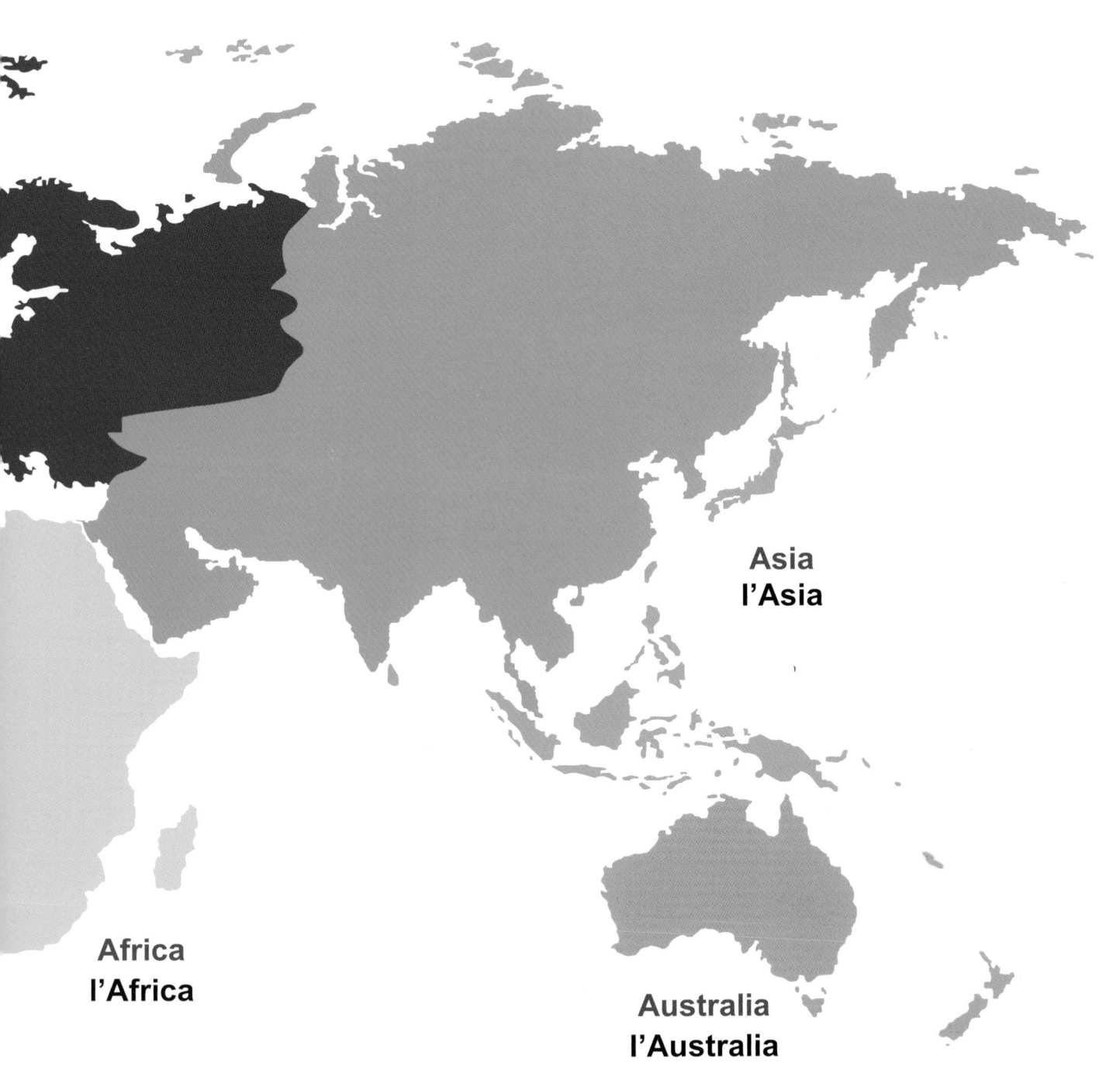

Asia
l'Asia

Africa
l'Africa

Australia
l'Australia

Earth
la Terra

Moon
la Luna

Sun
il Sole

Saturn
Saturno

Venus
Venere

Uranus
Urano

Jupiter
Giove

Mars
Marte

Mercury
Mercurio

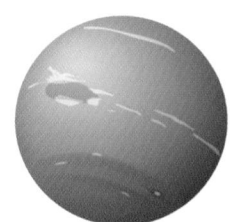

Neptune
Nettuno

galaxy
la galassia

Milky Way
la Via Lattea

space
lo spazio

satellite dish
l'antenna parabolica

astronaut
l'astronauta

space shuttle
l'astronave

space station
la stazione spaziale

canal
il canale

dam
la barriera

wave
l'onda

watermill
il mulino ad acqua

countryside
la campagna

mud
il fango

puddle
la pozzanghera

disaster
il disastro

earthquake
il terremoto

fire
il fuoco

flame
la fiamma

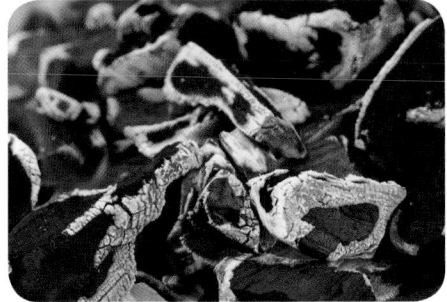

ember
il tizzone

fossil
il fossile

American football
Football americano

archery
il tiro con l'arco

athletics
l'atletica

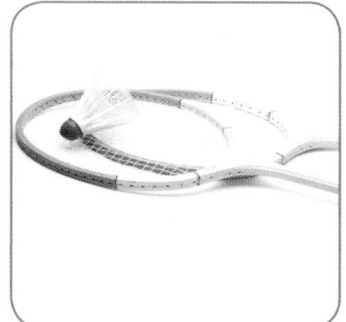

badminton
il badminton

cricket
il cricket

weightlifting
il sollevamento pesi

cycling
il ciclismo

basketball
la pallacanestro

diving
i tuffi

baseball
il baseball

judo
il judo

hand gliding
l'aliante

taekwondo
il taekwondo

wrestling
il wrestling

fencing
la scherma

handball
la pallamano

high jump
il salto in alto

golf
il golf

hurdles
la corsa ad ostacoli

horse racing
l'ippica

horse riding
l'equitazione

javelin
il lancio del giavellotto

mountaineering
l'alpinismo

marathon
la maratona

volleyball
la pallavolo

rafting
il rafting

rowing
il canottaggio

sailing
la vela

water skiing
lo sci d'acqua

skiing
lo sci

snowboarding
lo snowboard

ice hockey
l'hockey sul ghiaccio

speed skating
il pattinaggio di velocità

soccer
il calcio

stadium
lo stadio

table tennis
il ping pong

tennis
il tennis

swimming pool
la piscina

swimming
il nuoto

water polo
la pallanuoto

compass
la bussola

sleeping bag
il sacco a pelo

stopwatch
il cronometro

tent
la tenda

canvas
la tela

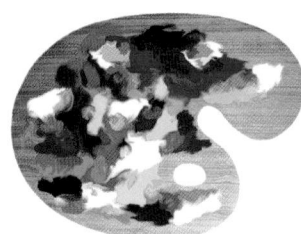

palette
la tavolozza

picture
il quadro

picture frame
la cornice

easel
il cavalletto

bust
il busto

statue
la statua

DONATELLO

audience
il pubblico

auditorium
l'auditorium

ballet
il balleto

cinema
il cinema

concert
il concerto

museum
il museo

orchestra
l'orchestra

theater
il teatro

stage
il palco

mandolin
il mandolino

banjo
il banjo

acoustic guitar
la chitarra acustica

electric guitar
la chitarra elettrica

balalaika
la balalaika

harp
l'arpa

accordion
la fisarmonica

piano
il piano

harmonica
l'armonica

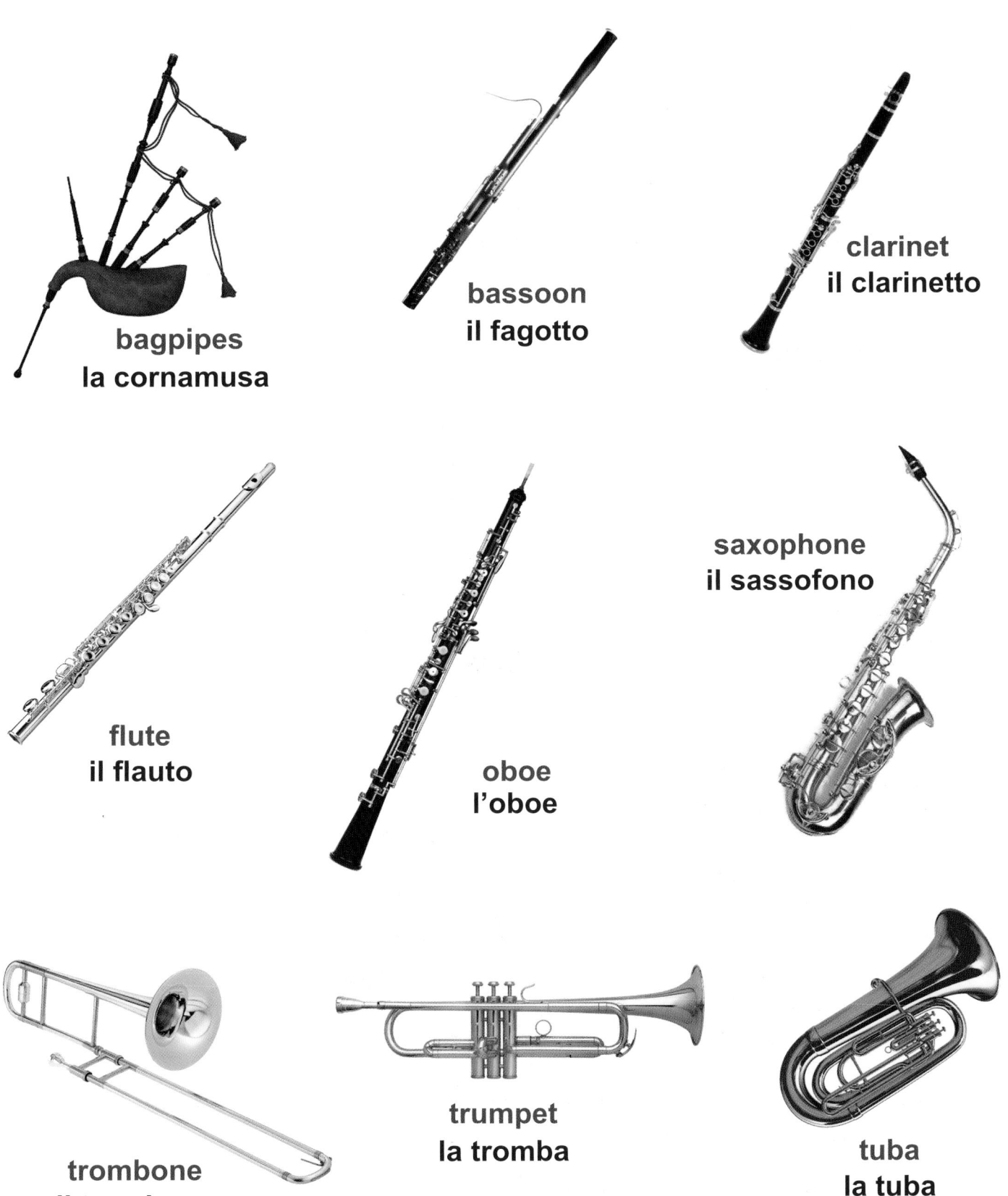

bagpipes
la cornamusa

bassoon
il fagotto

clarinet
il clarinetto

flute
il flauto

oboe
l'oboe

saxophone
il sassofono

trombone
il trombone

trumpet
la tromba

tuba
la tuba

bass drum
la grancassa

drumsticks
le bacchette

cymbal
il piatto

drum kit
la batteria

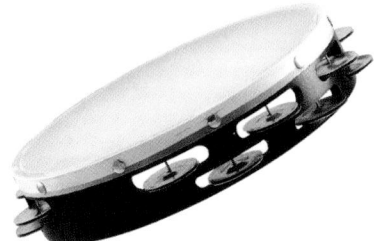

tambourine
il tamburello

snare drum
il rullante

timpani
i timpani

cello
il violoncello

violin
il violino

double bass
il contrabasso

music stand
il leggio

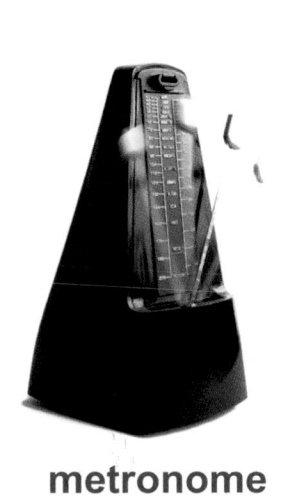

metronome
il metronomo

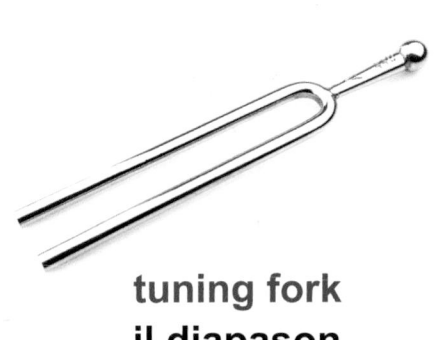

tuning fork
il diapason

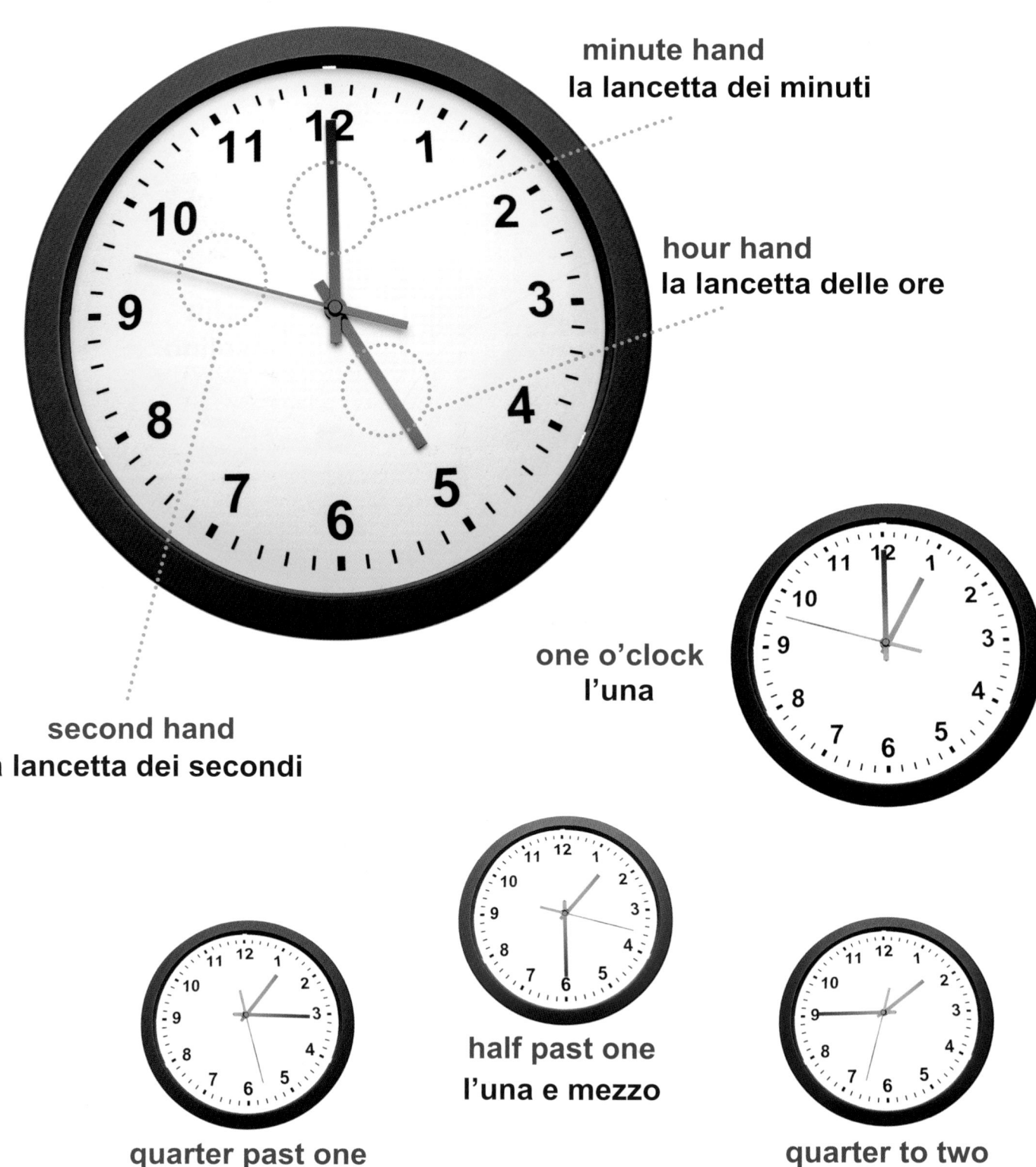

minute hand
la lancetta dei minuti

hour hand
la lancetta delle ore

one o'clock
l'una

second hand
la lancetta dei secondi

half past one
l'una e mezzo

quarter past one
l'una e un quarto

quarter to two
due meno un quarto

week
la settimana

2013

year
l'anno

January	February	March

April **May** **June**

month
il mese

fortnight
quindici
giorni

July **August** **September**

October **November** **December**

decade
la decade

century
il secolo

1000 YEARS
millennium
il millennio

spring
la primavera

summer
l'estate

fall
l'autunno

winter
l'inverno

sunrise
il sorgere del Sole

dawn
l'alba

dusk
il crepuscolo

evening
la sera

night
la notte

midnight
la mezzanotte

School   Scuola

classroom
l'aula

library
la biblioteca

desk
il banco

blackboard
la lavagna

playground
il parco giochi

lesson
la lezione

sandpit
il recinto con la sabbia

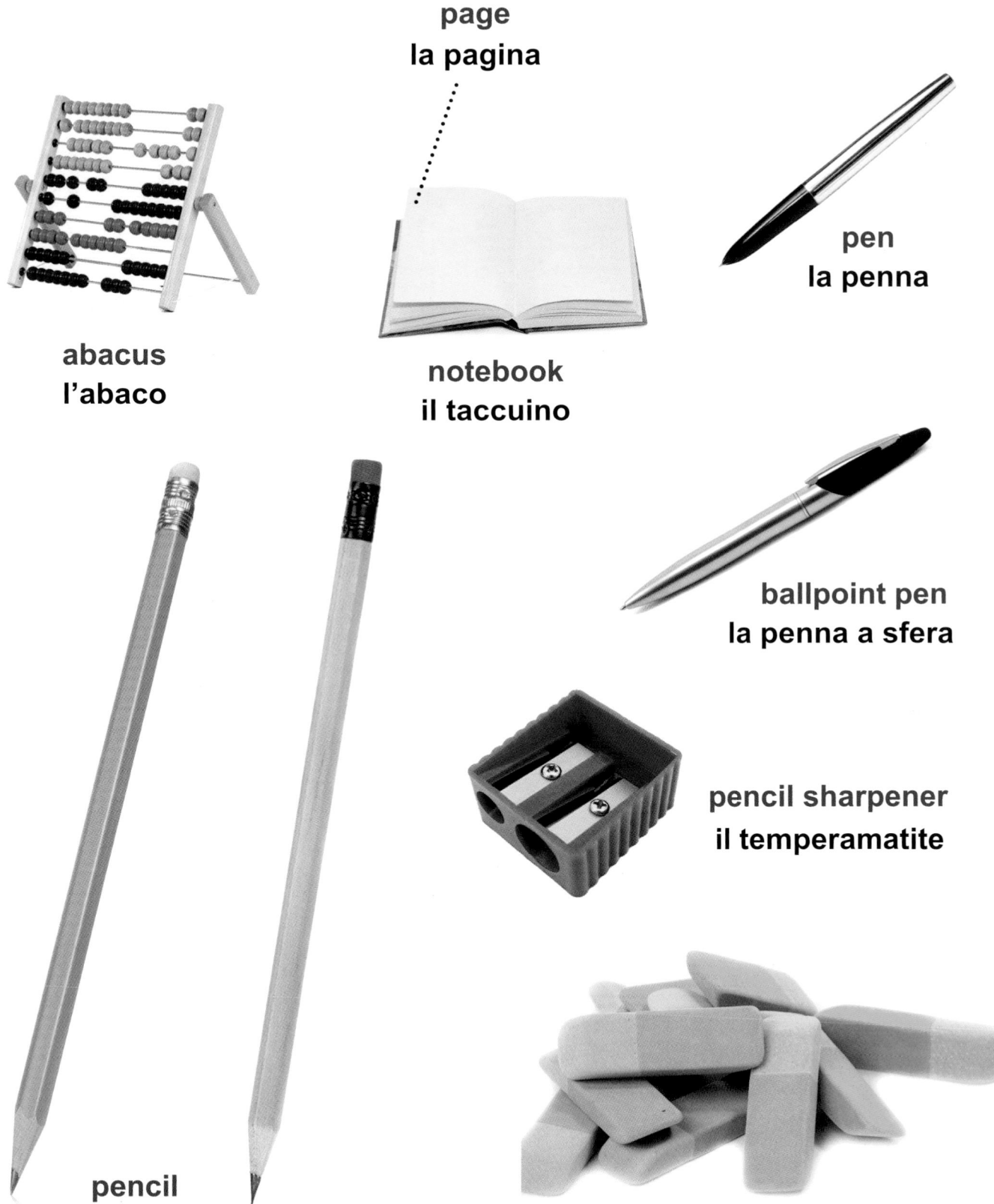

page
la pagina

pen
la penna

abacus
l'abaco

notebook
il taccuino

ballpoint pen
la penna a sfera

pencil sharpener
il temperamatite

pencil
la matita

eraser
la gomma da cancellare

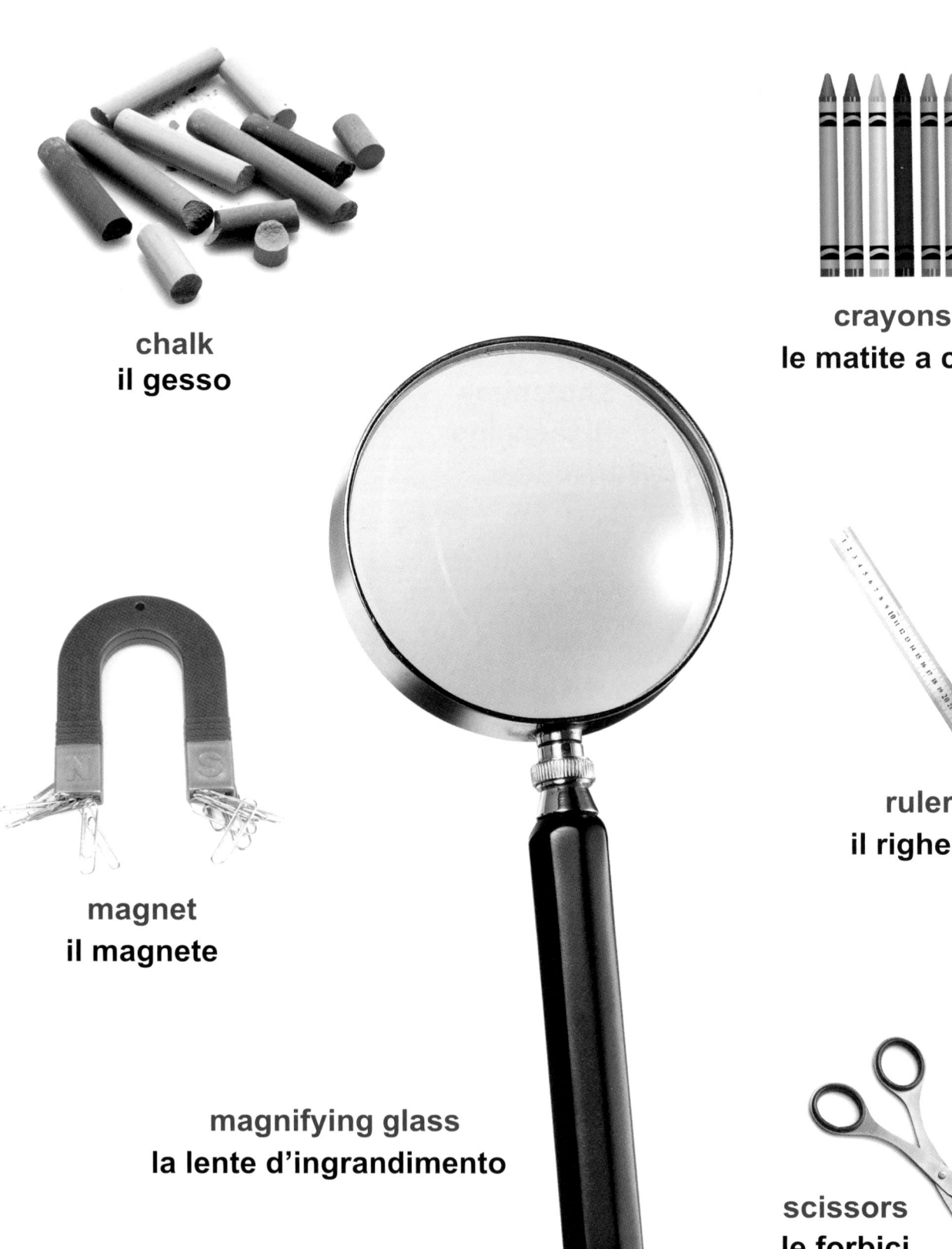

chalk
il gesso

crayons
le matite a cera

magnet
il magnete

ruler
il righello

magnifying glass
la lente d'ingrandimento

scissors
le forbici

pushpin
la puntina da disegno

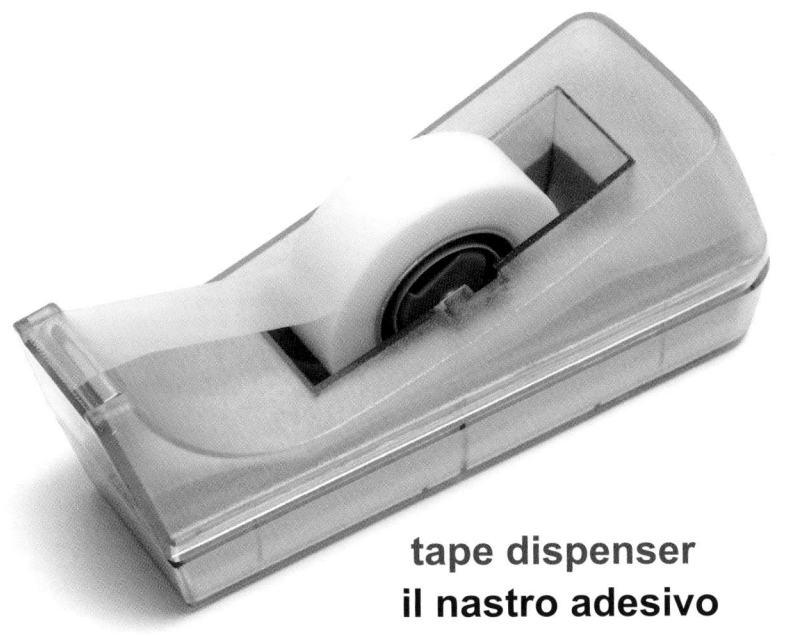

tape dispenser
il nastro adesivo

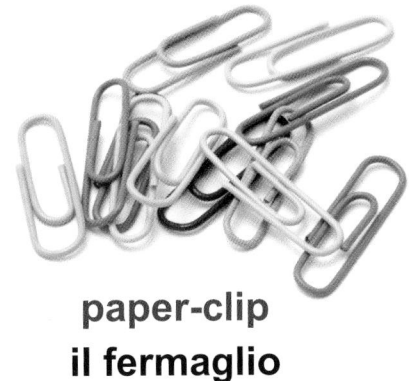

paper-clip
il fermaglio

globe
il globo

telescope
il telescopio

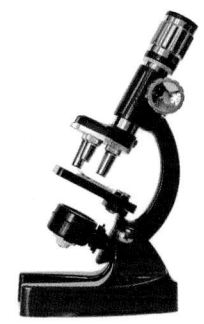

microscope
il microscopio

ball
la palla

chess set
gli scacchi

cardboard box
la scatola di cartone

calculator
la calcolatrice

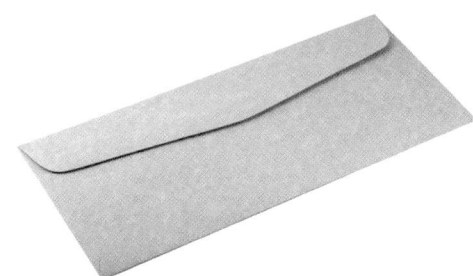

envelope
la bustina

letters
la lettera

encyclopedia
l'enciclopedia

stamp
il francobollo

ink
l'inchiostro

hole puncher
la perforatrice

rubber stamp
il timbro

staple remover
la levapunti

stapler
la spillatrice

staples
le graffette

waste basket
il cestino per la carta

whistle
il fischietto

writing pad
il bloc-notes

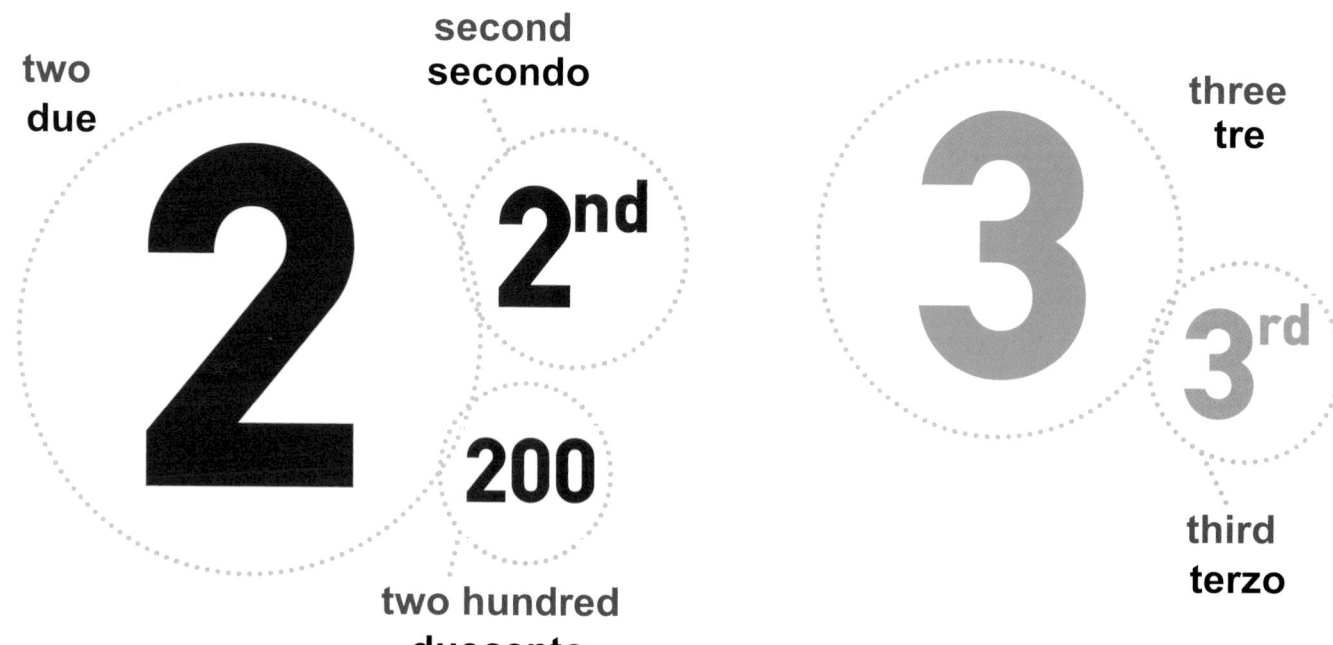

1st first primo

one uno

100 one hundred cento

one thousand un migliaio

one million un milione

1,000

1,000,000

100,000 one hundred thousand centomila

two due

second secondo

2 **2nd** **200** two hundred duecento

three tre

3 **3rd** third terzo

four
quattro

fourth
quarto

4th

5

five
cinque

5th

fifth
quinto

six
sei

6

sixth
sesto

6th

seven
sette

7

7th

seventh
settimo

eight
otto

eighth
ottavo

8

8th

9

9th

nine
nove

ninth
nono

ten
dieci

tenth
decimo

10

10th

10,000

ten thousand
diecimila

11

11th

eleven
undici

eleventh
undicesimo

twelve
dodici

12

12th

twelfth
dodicesimo

13

13th

thirteenth
tredicesimo

thirteen
tredici

fourteen
quattordici

14 **14**th

fourteenth
quattordicesimo

fifteen
quindici

15 **15**th

fifteenth
quindicesimo

sixteen
sedici

16 **16**th

sixteenth
sedicesimo

17 **17**th

seventeenth
diciassettesimo

seventeen
diciassette

eighteen
diciotto

18 **18**th

eighteenth
diciottesimo

nineteen
diciannove

19 **19**th

nineteenth
diciannovesimo

20

20th

twentieth
ventesimo

twenty
venti

21

twenty-one
ventuno

21st

twenty-first
ventunesimo

30

thirty
trenta

31

thirty-one
trentuno

40

forty
quaranta

41

forty-one
quarantuno

50

fifty
cinquanta

51

fifty-one
cinquantuno

60
sixty
sessanta

61
sixty-one
sessantuno

70
seventy
settanta

71
seventy-one
settantuno

80
eighty
ottanta

81
eighty-one
ottantuno

90
ninety
novanta

91
ninety-one
novantuno

0
zero
zero

circle
il cerchio

sphere
la sfera

cone
il cono

semicircle
il semicerchio

hemisphere
l'emisfero

cylinder
il cilindro

square
il quadrato

rectangle
il rettangolo

octagon
l'ottagono

pentagon
il pentagono

hexagon
l'esagono

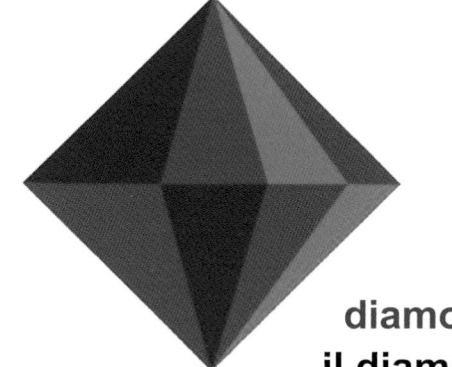

diamond
il diamante

star
la stella

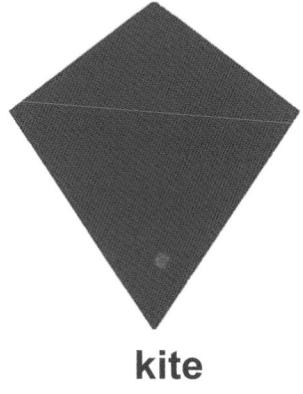

kite
l'aquilone

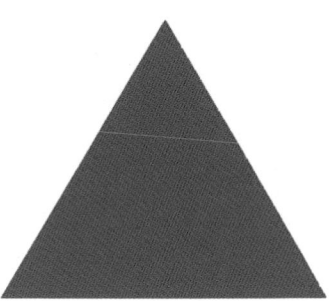

triangle
il triangolo

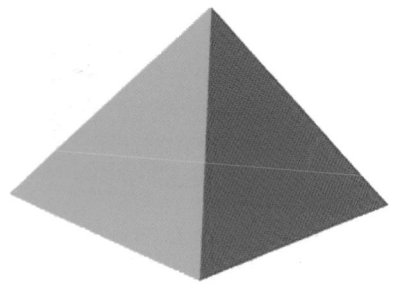

pyramid
la piramide

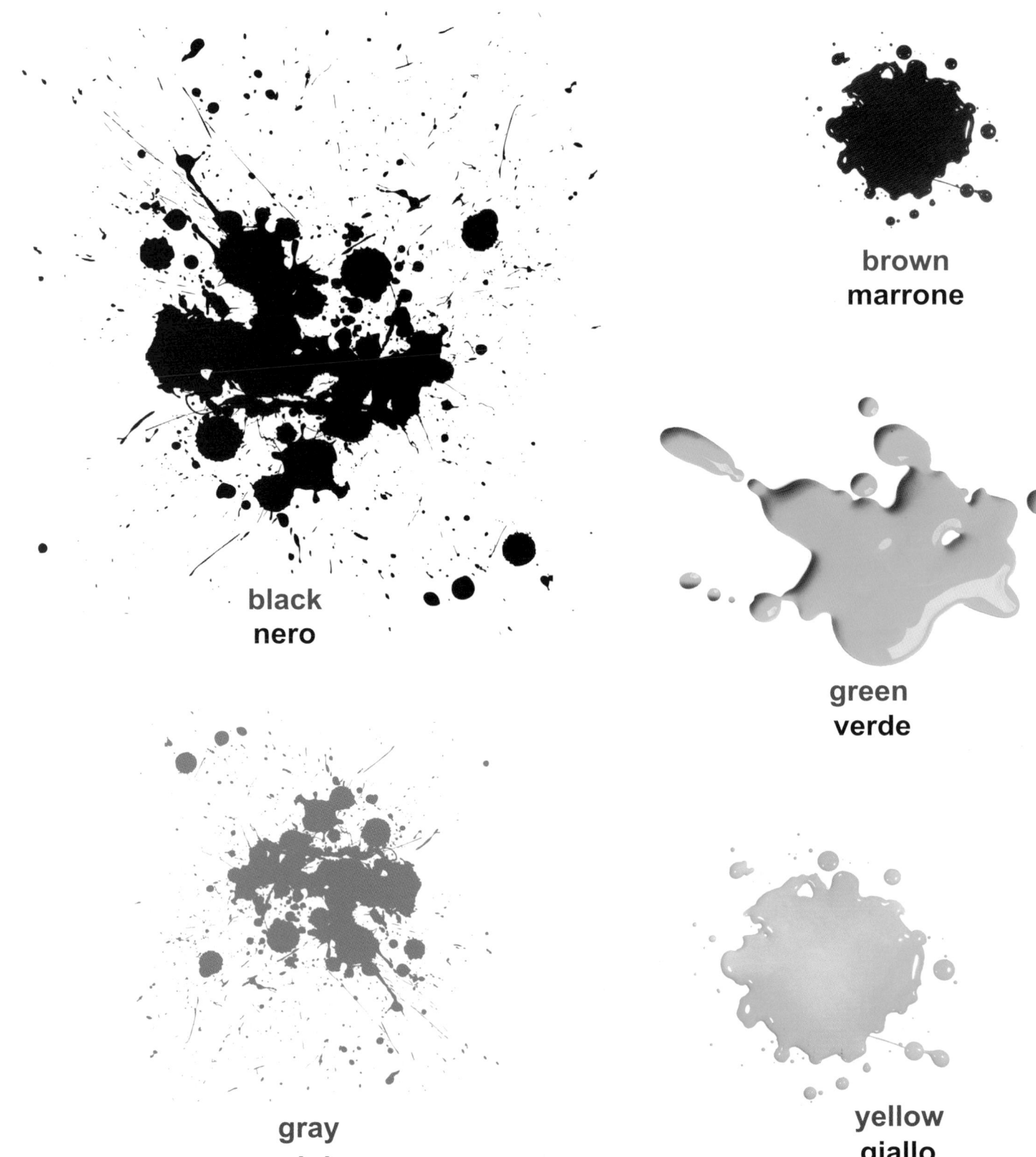

brown
marrone

black
nero

green
verde

gray
grigio

yellow
giallo

blue
blu

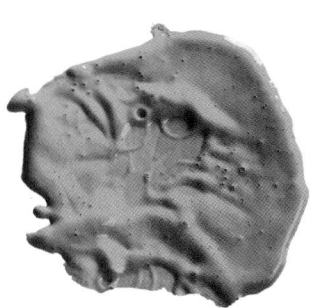

pink
rosa

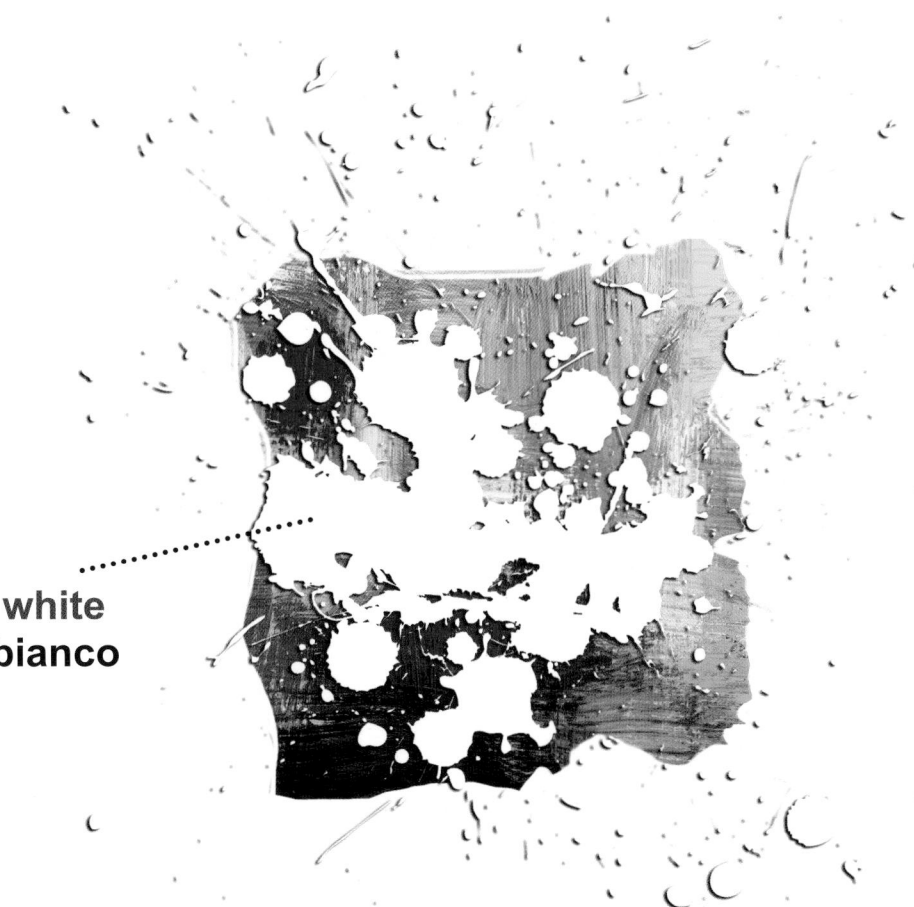

white
bianco

purple
porpora

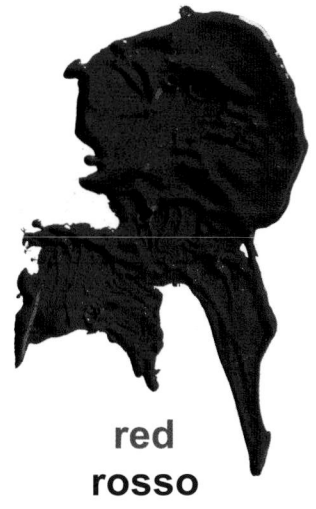

red
rosso

It's
apostrophe
l'apostrofo

near,
comma
la virgola

look:
colon
due punti

-around-
dash
il lineetta emme

the...
ellipsis
l'ellissi

clock!
exclamation mark
il punto esclamativo

really?
question mark
il punto interrogativo

"he said"
quotation marks
le virgolette

Yes.
period
il punto

(almost)
parentheses
le parentesi

done;
semicolon
il punto e virgola

'sir'
single quotation marks
le virgolette

3+1

plus sign
il segno più

$\sqrt{16}$

square root of
la radice quadrata di

7-3

minus sign
il segno meno

25%

percent
il simbolo di percentuale

2×2

multiplication sign
il segno per

=4

equal sign
il segno di uguaglianza

8÷2

division sign
il segno della divisione

earth & space

ampersand
la e commerciale

He/She

forward slash
la barra

html\n

backslash
la barra inversa

info@milet.com

at sign
la chiocciola

Index   Indice

A — abacus | 119 | l'abaco
accordion | 110 | la fisarmonica
acoustic guitar | 110 | la chitarra acustica
adjustable wrench | 48 | la chiave registrabile
Africa | 97 | l'Africa
air conditioner | 24 | il condizionatore
airplane | 76 | l'aeroplano
airport | 80 | l'aeroporto
almond | 64 | la mandorla
ambulance | 74 | l'ambulanza
American football | 102 | Footlball americano
ampersand | 134 | la e commerciale
ankle | 23 | la caviglia
answering machine | 52 | la segreteria telefonica
ant | 10 | la formica
apostrophe | 134 | l'apostrofo
apple | 55 | la mela
apricot | 55 | l'albicocca
archery | 102 | il tiro con l'arco
arm | 21 | il braccio
armchair | 25 | la poltrona
armpit | 21 | l'ascella
artichoke | 60 | il carciofo
Asia | 97 | l'Asia
asparagus | 60 | l'asparago
astronaut | 99 | l'astronauta
at sign | 135 | la chiocciola
athletics | 102 | l'atletica
attic | 24 | l'attico
aubergine | 60 | la melanzana
audience | 109 | il pubblico
auditorium | 109 | l'auditorium
Australia | 97 | l'Australia
avalanche | 94 | la valanga
avocado | 55 | l'avocado
axe | 51 | l'ascia

B — backpack | 43 | lo zaino
backslash | 135 | la barra inversa
badge | 43 | la targhetta identificativa
badminton | 102 | il badminton
bagpipes | 111 | la cornamusa
balalaika | 110 | la balalaika
ball | 122 | la palla
ballet | 109 | il balletto
ballpoint pen | 119 | la penna a sfera
banana | 55 | la banana
banjo | 110 | il banjo
barn | 7 | la stralla
baseball | 103 | il baseball
basket | 32 | il cesto
basketball | 103 | la pallacanestro
bass drum | 112 | la grancassa
bassoon | 111 | il fagotto
bat | 16 | il pipistrello
bathrobe | 38 | l'accappatoio
bathroom | 27 | il bagno
bathtub | 27 | la vasca da bagno
battery | 49 | la pila
beach | 89 | la spiaggia
beak | 4 | il becco

beans | 66 | il fagiolo
bear | 16 | l'orso
bed | 26 | il letto
bedroom | 26 | la camera da letto
bedside lamp | 34 | la lampada da letto
bee | 11 | l'ape
beehive | 11 | l'alveare
beetle | 10 | lo scarabeo
begonia | 82 | la begonia
belt | 40 | la cintura
beret | 40 | il basco
bicycle | 75 | la bicicletta
black | 132 | nero
black pepper | 68 | il pepe nero
blackberry | 55 | la mora
blackboard | 118 | la lavagna
blanket | 26 | la coperta
blender | 36 | il frullatore
blouse | 39 | la camicetta
blue | 133 | blu
blueberry | 55 | il mirtillo
boots | 41 | gli stivali
bottle | 30 | la bottiglia
bow tie | 40 | la cravatta a farfalla
bowl | 29 | la scodella
box | 32 | la scatola
bracelet | 42 | il braccialetto
brake | 75 | il freno
bread | 52 | il pane
breakfast | 69 | la colazione
bridge | 81 | il ponte
briefcase | 43 | la borsa portadocumenti
broccoli | 60 | i broccoli
broom | 32 | la scopa
brown | 132 | marrone
bucket | 32 | il secchio
bud | 82 | la gemma
bull | 7 | il toro
bulldozer | 74 | il bulldozer
burger | 63 | l'hamburger
burner | 31 | il fornello
bus | 77 | l'autobus
bus stop | 80 | la fermata dell'autobus
bush | 87 | il cespuglio
bust | 108 | il busto
butter | 70 | il burro
butterfly | 10 | la farfalla
button | 44 | il bottone

C — cabbage | 60 | il cavolo
cabinet | 28 | la vetrinetta
cable | 53 | il cavo
cactus | 87 | il cactus
cage | 4 | la gabbia
cake | 63 | la torta
calculator | 122 | la calcolatrice
calf | 7 | il vitello
calf | 23 | il polpaccio
camel | 9 | il cammello
camellia | 82 | la camelia
camper van | 73 | il camper

canal	100	il canale
candies	69	i dolciumi
candle	32	la candela
canned food	67	il cibo in scatola
canoe	79	la canoa
canvas	108	la tela
cap	40	il berretto
car	72	l'automobile
car battery	49	la batteria auto
cardboard box	122	la scatola di cartone
cardigan	39	il cardigan
carnation	82	il garofano
carpet	25	il tappeto
carrot	58	la carota
cat	7	il gatto
caterpillar	10	il bruco
cauliflower	60	il cavolfiore
cave	93	la caverna
ceiling	25	il soffitto
ceiling fan	34	il ventilatore da soffitto
celery	61	il sedano
cello	113	il violoncello
century	115	il secolo
chain	50	la catena
chair	28	la sedia
chalk	120	il gesso
chameleon	12	il camaleonte
chandelier	34	il lampadario a bracci
checkout	54	la cassa
cheek	22	la guancia
cheese	70	il formaggio
cherry	55	la ciliegia
chess set	122	gli scacchi
chest	21	il petto
chestnut	64	la castagna
chick	8	il pulcino
chicken	65	il pollo
chili pepper	58	il peperoncino
chimney	24	il caminetto
chimpanzee	17	lo scimpanzé
chin	22	il mento
chip	52	il chip
chisel	51	lo scalpello
chocolate	69	il cioccolato
chocolate chip cookie	62	biscotto con gocce di cioccolato
cinema	109	il cinema
circle	130	il cerchio
clarinet	111	il clarinetto
classroom	118	l'aula
claw	4	l'artiglio
clay	91	l'argilla
cliff	92	la scogliera
clock	32	l'orologio
cloth	44	lo straccio
clothes brush	44	la spazzola per abiti
clothes hanger	44	la stampella
clothespin	32	le mollette
cloud	94	la nuvola
coal	93	il carbone
coast	89	la costa
cobweb	11	la ragnatela
coconut	57	la noce di cocco
cocoon	10	il bozzolo
coffee	71	il caffè
collar	8	il collare
colon	134	due punti
comb	45	il pettine
combination wrenches	48	la chiave combinata
comforter	26	la trapunta
comma	134	la virgola
compass	107	la bussola
computer	52	il computer
concert	109	il concerto
cone	130	il cono
container	78	il container
container ship	78	la portacontainer
cookie	62	il cioccolato chip cookie
coral	15	il corallo
corn	58	il mais
corncob	58	il tutolo
cotton	82	il cotone
countryside	100	la campagna
cow	7	la mucca
crab	14	il granchio
crackers	62	il cracker
crayfish	14	il gambero d'acqua dolce
crayons	120	le matite a cera
cream	70	la panna
crest	8	la cresta
cricket	10	il grillo
cricket	102	il cricket
crocodile	12	il coccodrillo
crosswalk	80	le strisce pedonali
crow	4	il corvo
cruise ship	78	la nave da crociera
cub	18	il cucciolo
cucumber	59	il cetriolo
curtain	25	la tenda
cushion	25	il cuscino
cutting board	31	il tagliere
cycling	102	il ciclismo
cylinder	130	il cilindro
cymbal	112	il piatto
D daisy	82	la margherita
dam	100	la barriera
dash	134	il lineetta emme
dawn	117	l'alba
decade	115	la decade
deck	78	il ponte
deep fryer	35	la friggitrice
deer	19	il cervo
desert	91	il deserto
desk	118	il banco
desk lamp	34	la lampada da scrivania
dessert	69	il dessert
diamond	42	il diamante
diamond	131	il diamante
digger truck	74	l'escavatrice
dill	61	l'aneto
dining table	28	il tavolo da pranzo

disaster	101	il disastro
dishwasher	37	la lavastoviglie
diving	103	i tuffi
division sign	135	il segno della divisione
dog	7	il cane
doghouse	7	la cuccia
dolphin	14	il delfino
donkey	9	l'asino
door	24	la porta
door handle	36	la maniglia
doorbell	36	il campanello
doormat	33	il tappetino
double bass	113	il contrabasso
dragonfly	10	la libellula
dress	38	il vestito
drill bit	49	la punta per trapano
drum kit	112	la batteria
drumsticks	112	le bacchette
duck	8	l'oca
dump truck	73	l'autoribaltabile
dusk	117	il crepuscolo
E — eagle	4	l'aquila
ear	22	l'orecchio
earphones	53	le cuffie
earrings	42	l'orecchino
Earth	98	la Terra
earthquake	101	il terremoto
earthworm	13	il lombrico
easel	108	il cavalletto
egg	4	l'uovo
egg	66	l'uovo
eight	125	otto
eighteen	127	diciotto
eighteenth	127	diciottesimo
eighth	125	ottavo
eighty	129	ottanta
eighty-one	129	ottantuno
elbow	23	il gomito
electric cooker	35	il fornello elettrico
electric drill	49	il trapano elettrico
electric guitar	110	la chitarra elettrica
electric razor	46	il rasoio elettrico
electrical outlet	36	la presa elettrica
elephant	16	l'elefante
eleven	126	undici
eleventh	126	undicesimo
ellipsis	134	l'ellissi
ember	101	il tizzone
emerald	42	il smeraldo
encyclopedia	122	l'enciclopedia
engine	72	il motore
envelope	122	la bustina
equal sign	135	il segno di uguaglianza
eraser	119	la gomma da cancellare
Europe	96	l'Europa
evening	117	la sera
exclamation mark	134	il punto esclamativo
eye	22	l'occhio
eye glasses	45	gli occhiali da vista
eyebrow	22	il sopracciglio
eyelashes	22	le ciglia
eyelid	22	la palbebra
F — face	22	la faccia
falcon	4	il falco
fall	116	l'autunno
faucet	31	il rubinetto
fawn	19	il cerbiatto
feather	4	la piuma
fencing	104	la scherma
fender	72	il paraurti
field	88	il campo
fifteen	127	quindici
fifteenth	127	quindicesimo
fifth	125	quinto
fifty	128	cinquanta
fifty-one	128	cinquantuno
fingerprint	23	l'impronta digitale
fire	101	il fuoco
fire extinguisher	50	l'estintore
fire truck	74	il camion dei pompieri
fireplace	25	il caminetto
first	124	primo
fish	14	il pesce
fish	65	il pesce
five	125	cinque
flame	101	la fiamma
flamingo	4	il fenicottero
flight deck	76	la cabina di pilotaggio
flip-flops	41	le ciabatte infradito
flood	95	l'alluvione
floor	25	il pavimento
floor lamp	34	la lampada da terra
flour	62	la farina
flowerpot	33	il vaso da fiori
flute	111	il flauto
fly	11	la mosca
fog	95	la nebbia
folding chair	25	la sedia pieghevole
food processor	36	il robot da cucina
foot	21	il piede
footprint	21	l'orma
forehead	21	la fronte
forest	92	la foresta
fork	30	la forchetta
forklift	74	il carrello elevatore
fortnight	115	quindici giorni
forty	128	quaranta
forty-one	128	quarantuno
forward slash	135	la barra
fossil	101	il fossile
foulard	40	il foulard
four	125	quattro
fourteen	127	quattordici
fourteenth	127	quattordicesimo
fourth	125	quarto
fox	17	la volpe
French fries	68	le patatine fritte
frog	12	la rana
frost	94	il gelo
fruit juice	71	il succo di frutta

frying pan	29	la padella
fuchsia	82	la fucsia
G galaxy	99	la galassia
garage	81	il garage
garden	88	il giardino
gardenia	83	la gardenia
garlic	58	l'aglio
gas cap	72	il tappo
gas lighter	47	l'accendino
gas pump	81	la pompa di benzina
gas station	81	la stazione di servizio
geranium	83	il geranio
giraffe	17	la giraffa
glass	30	il bicchiere
globe	121	il globo
glove	40	il guanto
goat	9	la capra
golf	104	il golf
goose	8	l'oca
gorilla	17	il gorilla
grape	56	l'uva
grapefruit	56	il pompelmo
grass	87	l'erba
grasshopper	10	la cavalletta
gray	132	grigio
green	132	verde
green bean	59	i fagiolini
ground beef	65	la carne macinata
ground floor	24	il piano terra
gull	5	il gabbiano
H hail	94	la grandine
hair	22	i capelli
hair dryer	45	l'asciugacapelli
hairbrush	45	la spazzola
hairpin	45	la forcella per capelli
half past one	114	l'una e mezzo
hammer	49	il martello
hand	21	la mano
hand gliding	103	l'aliante
handball	104	la pallamano
handlebars	75	il manubrio
handsaw	51	la sega a mano
harmonica	110	l'armonica
harp	110	l'arpa
harvest	88	il raccolto
hat	40	il cappello
hawk	5	il falco
hay	88	il fieno
hazelnut	64	la nocciola
head	21	la testa
headlight	72	il faro anteriore
hedgehog	20	il riccio
heel	23	il tallone
heel	41	il tacco
helicopter	76	l'elicottero
hemisphere	130	l'emisfero
hen	8	la gallina
heron	5	l'airone
hexagon	131	l'esagono
high jump	104	il salto in alto

highway	80	la superstrada
hill	91	la collina
hip	23	il fianco
hippopotamus	19	l'ippopotamo
hole puncher	123	la perforatrice
honey	97	il miele
hood	72	il cofano
hoof	9	lo zoccolo
horn	19	il corno
horse	9	il cavallo
horse racing	104	l'ippica
horse riding	104	l'equitazione
hose	51	il tubo di gomma
hour hand	114	la lancetta delle ore
house	24	la casa
hurdles	104	la corsa ad ostacoli
hyacinth	83	il giacinto
I ice cream	69	il gelato
ice cube	71	il cubetto di ghiaccio
ice hockey	106	l'hockey sul ghiaccio
icicle	94	il ghiacciolo
iguana	12	l'iguana
index finger	23	il dito indice
ink	31	l'inchiostro
iris	83	l'iris
iron	37	il ferro da stiro
ironing board	33	l'asse da stiro
island	89	l'isola
J jar	30	il barattolo
jasmine	83	il gelsomino
javelin	105	il lancio del giavellotto
jeans	39	i jeans
jellyfish	14	la medusa
jerrycan	33	la tanica
jet ski	79	la moto d'acqua
jewellery	42	la gioielleria
jonquil	83	la giunchiglia
judo	103	il judo
jug	30	la caraffa
juice extractor	31	la centrifuga per frutta
jumpsuit	38	la tuta intera
jungle	92	la giungla
Jupiter	98	Giove
K kangaroo	18	il canguro
key	47	la chiave
keyboard	52	la tastiera
kitchen	29	la cucina
kite	131	l'aquilone
kitten	7	il gattino
kiwi	56	il kiwi
knee	21	il ginocchio
knife	30	il coltello
koala	16	il koala
L ladder	50	la scala
ladybird	11	la coccinella
lake	90	il lago
lamb	9	l'agnello
lamp	34	la lampada
lavender	83	la lavanda
layer	91	lo strato

leaf	87	la foglia
leek	61	il porro
leg	21	la gamba
lemon	58	il limone
lemonade	71	la limonata
lentils	66	la lenticchia
leopard	18	il leopardo
lesson	118	la lezione
letters	122	la lettera
lettuce	61	la lattuga
library	118	la biblioteca
lightning	95	il lampo
lilac	84	il lillà
lion	18	il leone
lip	22	le labbra
little finger	23	il mignolo
living room	25	il soggiorno
lizard	12	la lucertola
llama	18	il lama
lobster	14	l'aragosta
log	88	il ceppo
long-nose pliers	48	le pinze
lovebird	5	l'inseparabile
M magnet	120	il magnete
magnifying glass	120	la lente d'ingrandimento
magnolia	84	la magnolia
mallet	49	il maglio
mandarin	56	il mandarino
mandolin	110	il mandolino
mane	18	la criniera
mango	57	il mango
manicure set	46	la trousse per la manicure
marathon	105	la maratona
market	54	il mercato
marrow	60	la zucchina
Mars	98	Marte
marsh	90	la palude
matchbox	47	la scatola di fiammiferi
matchsticks	47	I fiammiferi
melon	56	il melone
Mercury	98	Mercurio
metronome	113	il metronomo
microphone	53	il microfono
microscope	121	il microscopio
microwave oven	35	il forno a microonde
middle finger	23	il dito medio
midnight	117	la mezzanotte
milk	70	il latte
Milky Way	99	la Via Lattea
millennium	115	il millennio
minivan	73	il mini furgone
mint	61	la menta
minus sign	135	il segno meno
minute hand	114	la lancetta dei minuti
mirror	27	lo specchio
mole	20	la talpa
mole wrench	48	le pinze regolabili
monitor	52	il monitor
monkey	17	la scimmia
month	115	il mese
Moon	98	la Luna
mop	33	il lavapavimenti
mosquito	11	la zanzara
moss	84	il muschio
moth	10	la falena
motorcycle	75	la motocicletta
mountain	91	la montagna
mountaineering	105	l'alpinismo
mouse	20	il topo
mouth	22	la bocca
mud	100	il fango
multiplication sign	135	il segno per
museum	109	il museo
mushroom	58	il fungo
music stand	113	il leggio
N nail	49	il chiodo
nail clippers	46	il tagliaunghie
nail file	46	la limetta per le unghie
narcissus	84	il narciso
navel	23	l'ombelico
neck	22	il collo
necklace	42	la collana
Neptune	98	Nettuno
nest	5	il nido
nettle	84	l'ortica
newspaper	53	il giornale
newt	12	il tritone
night	117	la notte
nine	126	nove
nineteen	127	diciannove
nineteenth	127	diciannovesimo
ninety	129	novanta
ninety-one	129	novantuno
ninth	125	nono
North America	96	il Nord America
nose	22	il naso
notebook	119	il taccuino
nut	48	il dado
O oats	86	l'avena
oboe	111	l'oboe
ocean	89	l'oceano
octagon	131	l'ottagono
octopus	14	il polipo
oil	67	l'olio
okra	59	l'ocra
olive	67	l'oliva
olive oil	67	l'olio d'oliva
one	124	uno
one hundred	124	cento
one hundred thousand	124	centomila
one million	124	un milione
one o'clock	114	l'una
one thousand	124	un migliaio
onion	59	la cipolla
open ended wrench	48	la chiave fissa
orange	56	l'arancia
orange juice	71	il succo d'arancia
orchestra	109	l'orchestra
orchid	85	l'orchidea
ostrich	5	lo struzzo

otter	20	la lontra	polar bear	16	l'orso polare
oven	35	il forno	police car	74	l'auto della polizia
owl	5	il gufo	pomegranate	57	il melograno
P padlock	50	il lucchetto	popcorn	69	il popcorn
page	119	la pagina	poppy	84	il papavero
palette	108	la tavolozza	port	81	il porto
palm	21	il palmo	pot	29	la pentola
palm tree	86	la palma	potato	59	la patata
pancakes	63	la frittella	pressure cooker	29	la pentola a pressione
panda	19	il panda	printer	52	la stampante
paper-clip	121	il fermaglio	puddle	100	la pozzanghera
parentheses	134	le parentesi	pumpkin	59	la zucca
parrot	5	il pappagallo	puppy	7	il cucciolo
parsley	61	il prezzemolo	purple	133	porpora
passenger terminal	80	il terminal passeggeri	purse	43	la borsetta
passport	43	il passaporto	pushpin	121	la puntina da disegno
pasta	66	la pasta	pyramid	131	la piramide
path	92	il sentiero	**Q** quarter past one	114	l'una e un quarto
peach	56	la pesca	quarter to two	114	due meno un quarto
peacock	5	il pavone	question mark	135	il punto interrogativo
peanut	64	l'arachide	quince	57	la mela cotogna
pear	57	la pera	quotation marks	134	le virgolette
peas	59	i piselli	**R** rabbit	20	il coniglio
pebbles	90	il ciottolo	raccoon	16	il procione
pedal	75	il pedale	race car	74	l'auto da corsa
pelican	6	il pellicano	radiator	34	il termosifone
pen	119	la penna	radio	53	la radio
pencil	119	la matita	radish	61	il ravanello
pencil sharpener	119	il temperamatite	rafting	105	il rafting
penguin	15	il pinguino	railroad station	81	la stazione ferroviaria
pentagon	131	il pentagono	railroad track	81	il binario
pepper	58	il peperone	rain	95	la pioggia
percent	135	il simbolo di percentuale	rake	51	il rastrello
perfume	45	il profumo	raspberry	55	il lampone
period	134	il punto	rat	20	il ratto
pet	9	l'animale da compagnia	razor	46	il rasoio
petal	87	il petalo	rectangle	130	il rettangolo
piano	110	il piano	red	133	rosso
pickax	51	il piccone	reel	44	il rocchetto
pickup truck	73	il camioncino	refrigerator	29	il frigorifero
picture	108	il quadro	restaurant	54	il ristorante
picture frame	108	la cornice	rhinoceros	19	il rinoceronte
pie	63	la torta	ribbon	44	il nastro
pier	81	il molo	rice	66	il riso
pig	9	il maiale	ring	42	l'anello
pigeon	6	il piccione	ring finger	23	il dito anulare
pillow	26	il cuscino	river	90	il fiume
pine cone	86	la pigna	road	80	la strada
pineapple	57	l'ananas	robin	4	il pettirosso
pink	133	rosa	rock	93	la roccia
pins	47	lo spillo	rocking chair	25	la sedia a dondolo
pistachio	64	il pistacchio	rocky landscape	93	Il paesaggio roccioso
pizza	63	la pizza	rollerblade	75	il pattino in linea
plate	30	il piatto	roof	24	il tetto
playground	118	il parco giochi	room	25	la stanza
plug	50	la spina	rooster	8	il gallo
plum	57	la prugna	root	87	la radice
plumbing	27	le tubature	rope	51	la corda
plus sign	135	il segno più	rose	85	la rosa
pocket	38	la tasca	row boat	79	la barca a remi

Index Indice

rowing	105	il canottaggio	
rubber stamp	123	il timbro	
ruby	42	il rubino	
rug	26	il tappeto	
ruler	120	il righello	
rye	86	la segale	
S sack	33	il sacco	
saddle	75	la sella	
safety helmet	50	l'elmetto	
safety pin	47	la spilla da balia	
sail	79	la vela	
sailboat	79	la barca a vela	
sailing	105	la vela	
salad	68	l'insalata	
salamander	13	la salamandra	
salt	68	il sale	
sand	89	la sabbia	
sandal	41	il sandalo	
sandpit	118	il recinto con la sabbia	
sandwich	63	il sandwich	
satellite dish	99	l'antenna parabolica	
Saturn	98	Saturno	
sausage	65	la salsiccia	
saxophone	111	il sassofono	
scale	31	la bilancia	
scanner	52	lo scanner	
scarf	40	la sciarpa	
scissors	120	le forbici	
scooter	75	lo scooter	
scorpion	11	lo scorpione	
screw	49	la vite	
screwdriver	49	il cacciavite	
seahorse	15	il cavalluccio marino	
seal	15	la foca	
seaweed	15	l'alga marina	
second	124	secondo	
second hand	114	la lancetta dei secondi	
semicircle	130	il semicerchio	
semicolon	134	il punto e virgola	
seven	125	sette	
seventeen	127	diciassette	
seventeenth	127	diciassettesimo	
seventh	125	settimo	
seventy	129	settanta	
seventy-one	129	settantuno	
sewing machine	36	la cucitrice	
sewing needle	47	l'ago da cucito	
shaker	30	la saliera	
shark	15	lo squalo	
shaving brush	46	il pennello da barba	
sheep	9	la pecora	
sheet	26	le lenzuola	
shelf	27	la mensola	
shin	23	lo stinco	
ship	78	la nave	
shirt	39	la camicia	
shoelaces	41	i lacci	
shoes	41	le scarpe	
shorts	39	i calzoncini	
shoulder	23	la spalla	
shoulder bag	43	la borsa a tracolla	
shovel	51	la pala	
shower	27	la doccia	
sidewalk	80	il marciapiede	
single quotation marks	134	le virgolette	
sink	31	il lavandino	
six	125	sei	
sixteen	127	sedici	
sixteenth	127	sedicesimo	
sixth	125	sesto	
sixty	129	sessanta	
sixty-one	129	sessantuno	
skeleton	22	lo scheletro	
skiing	106	lo sci	
skirt	39	la gonna	
skull	22	il teschio	
skunk	17	la moffetta	
sled	75	la slitta	
sleeping bag	107	il sacco a pelo	
slice of bread	62	la fetta di pane	
slip joint pliers	48	i tronchesi	
slippers	41	le pantofole	
slope	93	il pendio	
snacks	68	gli stuzzichini	
snail	11	la lumaca	
snake	13	il serpente	
snapdragon	84	la bocca di leone	
snare drum	112	il rullante	
sneakers	41	le scarpe da ginnastica	
snow	94	la neve	
snowboarding	106	lo snowboard	
snowdrop	85	il bucaneve	
soap	27	il sapone	
soccer	106	il calcio	
socks	41	i calzini	
sofa	25	il sofà	
soil	92	il suolo	
soup	68	la zuppa	
South America	96	il Sudamerica	
space	99	lo spazio	
space shuttle	99	l'astronave	
space station	99	la stazione spaziale	
sparrow	6	il passero	
speaker	53	l'altoparlante	
speed skating	106	il pattinaggio di velocità	
sphere	130	la sfera	
spider	11	il ragno	
spinach	61	lo spinacio	
spirit level	48	la livella a bolla	
spoke	72	il raggio	
sponge	27	la spugna	
spoon	30	il cucchiaio	
spring	116	la primavera	
spring onion	61	la cipollina	
square	130	il quadrato	
square root of	135	la radice quadrata di	
squirrel	20	lo scoiattolo	
stadium	106	lo stadio	
stage	109	il palco	
stamp	122	il francobollo	

staple remover	123	la levapunti
stapler	123	la spillatrice
staples	123	le graffette
star	131	la stella
starfish	15	la stella marina
statue	108	la statua
steak	65	la bistecca
steering wheel	72	il volante
stem	87	lo stelo
steps	24	lo scalino
stone	91	la pietra
stool	28	lo sgabello
stopwatch	107	il cronometro
stork	6	la cicogna
strawberry	55	la fragola
stream	90	il corso d'acqua
street	80	la strada
streetcar	77	il tram
stroller	75	il passeggino
submarine	79	il sottomarino
sugar	69	lo zucchero
suit	38	il completo
suitcase	43	la valigia
summer	116	l'estate
Sun	98	il Sole
sunflower	86	il girasole
sunglasses	45	gli occhiali da sole
sunrise	117	il sorgere del Sole
supermarket	54	il supermercato
swallow	6	la rondine
swan	6	il cigno
sweater	39	il maglione
swimming	107	il nuoto
swimming pool	107	la piscina
swimming trunks	38	i calzoncini da bagno
swimsuit	38	il costume da bagno
T T-shirt	39	la maglietta
table tennis	106	il ping pong
tableware	28	le stoviglie
tadpole	13	il girino
taekwondo	103	il taekwondo
tail	20	la coda
tambourine	112	il tamburello
tape dispenser	121	il nastro adesivo
tape measure	50	il metro a nastro
tea	71	il tè
teapot	31	la teiera
teaspoon	31	il cucchiaino
telephone	52	il telefono
telescope	121	il telescopio
television	37	la televisione
ten	126	dieci
ten thousand	126	diecimila
tennis	107	il tennis
tent	107	la tenda
tenth	126	decimo
theater	109	il teatro
thigh	21	la coscia
third	124	terzo
thirteen	126	tredici

thirteenth	126	tredicesimo
thirty	128	trenta
thirty-one	128	trentuno
thread	44	il filo
three	124	tre
throat	23	la gola
thumb	23	il pollice
tie	40	la cravatta
tiger	18	la tigre
timpani	112	i timpani
tire	72	lo pneumatico
toad	13	il rospo
toast	62	il pane tostato
toaster	35	il tostapane
toe	21	il dito del piede
toilet	27	la toilette
toilet paper	27	la carta igienica
tomato	59	il pomodoro
toolbox	58	la cassetta degli attrezzi
toothbrush	46	lo spazzolino da denti
toothpaste	46	il dentifricio
torch	50	la torcia
tornado	95	il tornado
tortoise	13	la tartaruga
tow truck	73	il carro attrezzi
towel	27	l'asciugamano
tracksuit	38	la tuta sportiva
tractor	74	il trattore
traffic	80	il traffico
traffic light	75	il semaforo
train	77	il treno
transporter	73	l'autocarro
tree	87	l'albero
triangle	131	il triangolo
trombone	111	il trombone
trousers	39	i pantaloni
truck	73	il camion
trumpet	111	la tromba
trunk	72	il portabagagli
tuba	111	la tuba
tulip	85	il tulipano
tuning fork	113	il diapason
tunnel	81	il tunnel
turkey	8	il tacchino
turnip	60	la rapa
turtle	15	la tartaruga di mare
tusk	16	la zanna
tweezers	46	le pinzette
twelfth	126	dodicesimo
twelve	126	dodici
twentieth	128	ventesimo
twenty	128	venti
twenty-first	128	ventunesimo
twenty-one	128	ventuno
two	124	due
two hundred	124	duecento
U umbrella	43	l'ombrello
underground	77	la metropolitana
Uranus	98	Urano
V vacuum cleaner	37	l'aspirapolvere

Index | Indice

valley	92	la valle
van	73	il furgone
vase	33	il vaso
Venus	98	Venere
video camera	53	la videocamera
vineyard	86	il vigneto
violin	113	il violino
volcano	93	il vulcano
volleyball	105	la pallavolo
vulture	6	l'avvoltoio
W— wagon	77	il vagone
waist	21	la vita
walking stick	43	il bastone da passeggio
wall	24	il muro
wallet	43	il portafoglio
walnut	65	la noce
walrus	15	il tricheco
wardrobe	26	il guardaroba
washing machine	37	la lavatrice
wasp	11	la vespa
waste basket	123	il cestino per la carta
watch	42	l'orologio da polso
water	71	l'acqua
water lily	85	la ninfea
water polo	107	la pallanuoto
water skiing	106	lo sci d'acqua
waterfall	100	la cascata
watermelon	56	il cocomero
watermill	100	il mulino ad acqua
wave	100	l'onda
weed	84	l'erbaccia
week	115	la settimana
weightlifting	102	il sollevamento pesi
whale	14	la balena
wheat	86	il grano
wheel	75	la ruota
wheelbarrow	51	la carriola
whistle	123	il fischietto
white	133	bianco
wind	95	il vento
window	24	la finestra
windscreen	72	il parabrezza
windscreen wipers	72	il tergicristallo
wing	6	l'ala
wing	76	l'ala
winter	116	l'inverno
wolf	17	il lupo
wood	88	il bosco
woodpecker	6	il picchio
wrestling	103	il wrestling
wrist	23	il polso
writing pad	123	il bloc-notes
Y— yacht	78	lo yacht
year	115	l'anno
yellow	132	giallo
yogurt	70	lo yoghurt
yolk	66	il tuorlo
Z— zebra	19	la zebra
zero	129	zero
zipper	44	la cerniera lampo